異《い》職《しょく》怪《かい》談《だん》

――特殊職業人が遭遇した26の怪異

正木信太郎
しのはら史絵

彩図社

【はじめに】
この企画の始まりであるマーシャラーの怪異について、ご挨拶

ことの始まりは、ネパール・カトマンズ郊外にあるトリブバン国際空港でマーシャラーとして働いていた、ネパール人のR氏から伺った不可思議な話であった。

R氏が体験した怪異を紹介する前に、マーシャラーという職業をご存じでない方のため、簡潔に仕事内容をご説明する。

また話の都合上、〈インドラ・ジャトラ〉というカトマンズ中の人々が熱狂する祭祀、その祭りに現れる生き神〈クマリ〉についても言及しなくてはならない。

少々長くなるが、最後までお付き合い頂ければ幸いである。

マーシャラーとは空港や飛行場で、航空機を停止線や格納庫まで誘導するスタッフのこと

である。

読者諸兄姉の中にも、大きなしゃもじのような物、もしくはスティックを持ったスタッフが手旗信号よろしく、腕を振りながら機体を誘導しているところを見たことがある方がいらっしゃると思う。

地上に描かれた停止線は、コックピットにいるパイロットには見えない。

そこでマーシャラーの出番である。聞くところによると飛行機も自動車と同じで、それぞれの機種によってハンドルさばきやブレーキ操作に癖があるそうだ。

R氏のように熟練したマーシャラーは機種ごとの癖も把握し、パイロットにハンドルを切るタイミングを変えるよう伝え、機体を正確により安全に所定の位置まで誘導する。

驚くことに停止線上に前輪をのせる誤差は、一ミリもでないという。


さて、本題に入ろう。

あの頃、ネパールではモンスーン期が明け、乾季が到来していた。朝晩の寒暖差はあるものの涼しく、一年でもっとも過ごしやすい時期だそうだ。

神々が住む都、首都カトマンズでは〈インドラ・ジャトラ〉という大きな祭りが開催されていた。〈インドラ〉とは、ヒンドゥー教の神の名称であり、サンスクリット語で『強力な神々の中の帝王』を意味し、日本では『帝釈天』と呼ばれている。

このインドラ・ジャトラは、カトマンズ盆地の先住民であるネワール族にとって重要な意味を持つ祭祀であり、一週間ほどかけて盛大におこなわれるという。

バサンタプールのダルバール広場に立てられた巨大な松の木の御柱《おんばしら》、街角には色とりどりの花、果物、木の実、穀物、川魚といった神への供物があちらこちらに置かれている。

そして夜通し披露される、プルキシ、ラケと呼ばれる神々の仮面をかぶったネワール族・マンカルピャカによる華やかな伝統の舞。ハヌマンドカではこの時期にしか御開帳されない〈セトバイラブ神の像〉が見られる。

何といっても一番の見どころは、生き神〈クマリ〉を乗せたきらびやかな山車が、街中を練り歩くことだろう。

クマリはネワール族のサキャ出身の、初潮をむかえる前の少女の中から選ばれる。年齢は三歳から五歳ぐらいまで、菩提樹のような身体、獅子のような胸、鳥のように透き通った声など三十二項目にわたる身体的条件をクリアし、さらに占いで国と国王との相性が良いとされる女の子だけが、クマリになれるという。

生き神であるクマリは世俗の穢れに触れないよう、普段『クマリの館』で生活し学校にも通わず年に数回ある祭祀以外、人々の前に出ることはない。

館では災厄からの加護や国民の願望を叶えるための祈願をしている。この生活は初潮がはじまるまで続く。少女から大人の身体に成長すると、慣習によりクマリとしての役目は終わるそうだ。

予知能力があり、全ての厄を払い人々の病気を治し願い事を叶え、繁栄と富をもたらすと言われているクマリ。このインドラ・ジャトラはクマリに会える祭祀のうちの一つであり、彼女の恩恵に与《あずか》る絶好のチャンスなのである。

かといって、市井の人々はクマリに触れたり話したりすることはできない。クマリには家族や親しい者以外との会話の禁止、表情を顔に出してはいけない、自分の足で歩いてはいけないなど、厳しい戒律があるからだ。

祭りの最中、クマリを乗せた山車は三日間しか巡行しない。

幸いにもR氏はこの時期に休みを取ることができた。街路にでると、すでに生き神クマリを一目見ようと、地元民や観光客であふれ返っている。

山車の前にはマンカルピャカのグループが舞い踊り、楽団がにぎやかにインドネシアのシンバル・チェンチェンを打ち鳴らす。

押し合いへし合い、額から鼻筋にかけて赤い化粧をほどこしたクマリを見ようとする人波にもまれ、R氏はこれ以上近づくのは無理だと判断した、そのときであった。

〈ドンッ〉と、誰かに背中を強く押された。

振り向こうとしても、前後左右大勢の人に取り囲まれ身動きができない。

ドンッドンッドン、それでも何者かは容赦なく急き立てるように、彼の背中を押し続けた。

こんな人混みの中で押されたら、通常は前にいる人にぶつかるであろう。

最悪、将棋倒しになることも考えられるが、不思議なことに背中を押されるたび前方にいる人たちが、避けてくれたのであった。

R氏はとうとう最前列に飛び出した。後ろを振り返るが、誰が押したのかはわからない。妙なことがあるものだと、R氏は首をかしげながらクマリの方を見た。するとクマリも彼を見ていた。目が合ったのは一瞬に過ぎなかったのかもしれない。だが、彼はクマリと見つめ合った時間は永遠のように長く感じられたと、興奮しながら語ってくれた。

その日の夜のことである。

興奮も冷めやらぬままベッドに入ったR氏は、奇妙な夢を見た。

何もない真っ白な空間で、たった一つだけある岩肌に向かい彼はひたすら絵を描いていた。何らかの生き物だと思われる。胴体に当たる部分は異常に長い芋虫のようであるが、真ん中と下の部分がざっくりとえぐり抜かれていた。かすかに残っている胸部には、鶏の足を思わせるような真っ黒な長い物体が一本だけ突き刺さっている。この歪《いびつ》な形状は空想上の生物が息絶え、仰向けにひっくり返っているかのようであった。

最後の仕上げに夢の中の彼は、胴体の空洞部分からぞろぞろと出てくる蟻の行列を描いたそうだ。

そこでR氏は目が覚めた。彼には絵心が全くない。だが、変な夢を見たなと思っただけで、特に気にしていなかったという。

それから一週間が経った昼過ぎ、R氏はトリブバン国際空港で勤務中であった。停止線上まで誘導した機体から荷物をだし終わりふと顔を上げると、長い滑走路の先に巨大な物体が姿を現していた。

芋虫を思わせる長い胴体はところどころ、刃物でえぐり取られたかのように空洞になっている。そしてわずかに残った部分には鶏の足のようなものが刺さっていた。

靄《もや》がかかっているかのようにぼやけているので、細部まではっきりとわからないのだが、目を凝らしてよくよく見ると、炭の固まりのような物が、じりじりと這い出して来ている。

あのとき見た夢と同じだ――。

「おい、ちょっとあれを見てくれ！」驚いたR氏が同僚に教えても彼以外、くだんの物体は誰も見えていなかった。

「……何なんだ、一体」思わずそう呟くと、耳につけていたインカムからザラザラと雑音が聞こえ、プツンと電源が落ちる音がした。その直後、頭の中に直接響くように幼い女の子の声が聞こえてきた。

「ドゥルガータナ」

仰天したと同時にインカムに連絡が入った。これから着陸予定であったパキスタン国際航空二六八便が、バッティダンダの山腹に衝突したという知らせであった。

「ドゥルガータナ」とはあちらの言葉で「事故」を意味する。

一九九二年九月二十八日、死者一六七名を出したこの「パキスタン国際航空二六八便墜落事故」は、ネパール史上最大の航空事故と言われている。

最後にR氏はこう語ってくれた。

夢の中で一心不乱に描いていた謎の生物、滑走路の先に見えた同様の物体、あれはパキスタン国際航空二六八便が墜落した後の姿である。胴体を思わせる部分は衝突で裏返った破損後の機体、鶏の足に見えたのは衝撃で突きだした車輪、またぞろりと出てきた黒い塊は、皮膚が炭化した乗客ではないかと。

クマリには予知能力がある。インドラ・ジャトラにて不思議な力により、クマリと見つめ合った彼は、彼女からこの事故をあらかじめ教えてもらったのだと結んだ。


この怪異を聞いた私はさっそく、共に『板橋怪談会』という座談会を主催している怪談師の正木信太郎氏に話してみた。

正木氏はこの奇妙な話に興味を持ち、「実は前から本にしたいと考えている企画がある」と、私を誘ってくれたのであった。

彼の考えていた企画内容は「(なるべく)珍しい職業についている方が、就業中に遭遇した怪異をまとめた実話怪談本」である。

二人で企画書を作成し彩図社に持ち込んだところ、担当編集者から珍しい職業の職務内容も書いてはどうかと提案され、この『異職怪談』ができ上がった。

しかし、書き上げるまでが大変であった。珍しい職業の方の怪異は何本か取材済であったが、話数が足りない。精力的に取材に動いたが、これはといった怪異がなかなか見つからなかった。また途中、私の個人的な事情で原稿が遅れてしまい、発売日も大幅に伸びてしまった。

私をこの企画に誘ってくれ、かつ辛抱強く待ってくれた正木氏、調子が悪くなった私を励ましてくれた編集担当の権田氏、そして取材に協力してくれた皆々様に深く感謝を申し上げる。

この本を手に取ってくださった皆様へ。
珍しい職業の怪異譚『異職怪談』の世界にようこそ。
最後まで楽しんで頂ければ幸いです。
感謝をこめて。

しのはら史絵

異職怪談　目次

【第一話　神主の怪異その一】

異形のモノ

遭遇者：山口さん（神主）

ＳＮＳで知り合った持麻呂《もちまろ》さんは元神主である。

神道系の学科がある國學院大學に入学、神職課程を修了し、神社本庁から神職資格である「階位」を取得して神社に奉職《ほうしょく》した。

「うちの大学は、いわゆる『神職養成機関』なんです。神職を目指す学生が多い。日本最大である神社本庁所属の神社は、約七万九千以上といわれています。だから、全国の神社に先輩や同級生がいるんですよ。そのうち何人かは、奇妙な出来事に遭遇してるんです」

そう話してくれた持麻呂さんから、諸先輩方の恐ろしい体験談を二つ伺ってきた。

この二話についてはいわゆる「また聞き」であり、こと細やかに当事者ご本人から詳細を聞いたわけではない。

それによりわかりやすく補足している部分があることを、ご容赦願いたい。

まずは先に伺った一つ目の話から紹介する。


今から約四年前の出来事である。

その頃、すでに神職についていた持麻呂さんは、大学の同級生である山口さんと久しぶりに会うことになった。

山口さんは東京より西に所在する仇討ち系の神社に奉職していたが、その日は神職関係者との会合があり東京にきていたのだった。

飲みの席で開口一番、山口さんは青ざめた顔で「もうあの神社、辞めるかもしれない」と、持麻呂さんに打ち明けてきた。

あそこは彼が学生時代から憧れていた、念願の神社であったはず……。

ひどく驚いた持麻呂さんがわけを聞いてみると、山口さんはおずおずと口を開いていった。

「俺さ、前から幽霊とか苦手だって話してただろ。だから宿直が嫌でさ。最初はうまく理由をつけて断ってたんだけど、そうも言ってられなくなって……」

八月の上旬、山口さんは宿直を引き受けざるを得なくなった。

その神社では二人一組で宿直する。その日は山口さんと、一年上にあたるB先輩と当番が一緒であった。

B先輩と交代で二時間おきに、境内の見回りをしなければいけない。

昼と夜、神社は様相を変える。灯篭の灯りがあるといっても、かえって不気味さを増すこともある。

そんな中、一人で広大な境内を回らなくてはいけないのだ。山口さんでなくとも怯える人は少なくないだろう。


一回目の見回りは、震えながらも何事もなく無事に終わった。

社務所内にある宿直室へと戻ると、全身汗だくになっているのに気がついた。夜といえども夏の暑い盛り、いわんや今日は長丁場である。

B先輩と交代した彼は少しでも体を休めようと横になったが、暑さのためなかなか眠りにつくことができなかったという。

「おい、山口起きろ！」

うとうとし始めた頃、B先輩に叩き起こされた。二時間はあっという間に過ぎ、もう交代の時間であった。

だが、B先輩の様子が少しおかしい。

「何か変な音が聞こえないか？」

先輩に言われ寝ぼけまなこで耳を澄ますと、「コーン、コーン」と何かを叩いている音がする。

社務所は本殿の中にある。ここまで音が響くということは、何者かが本殿を取り囲む木塀、いわゆる「玉垣《たまがき》」を叩いているか、何らかの手段をもちいて本殿に入り込み、いたずらをしているに違いないと先輩は言う。

山口さんは嫌であったが、もう交代の時間であった。B先輩からも「見てこい」と言われ、しぶしぶライトを持ち表に出た。


ちょうど夏休みの時期でもあった。

先輩は学生たちか酔っ払いの悪ふざけだと考えていたが、人ではない得体の知れない物の仕業かもしれない……。

そんなことを考えながらも恐々と耳をそばだて歩いていくと、どうやら玉垣ではなく拝殿横の鎮守《ちんじゅ》の森《もり》の方から音がする。

足を忍ばせそっと近づいてみる。拝殿横に並んだ灯篭の仄暗い灯りの向こうに、白く細長いシルエットが浮かび上がっていた。

次第に暗闇に慣れ夜目がきいてきた。女であった。白装束の女が腕を振り上げ、木に何かを打ち付けているのだ。

〈丑の刻参り〉である。そうとわかれば怖くない。山口さんは幽霊が怖いのであって人であれば大丈夫なのだという。

初めて目撃した〈丑の刻参り〉に、俄然興味がわいてきた。どんな女が呪いをかけているのであろうか——。

山口さんは女性に気づかれないように持ってきたライトを消し、そっと近づいていった。と、そのとき誤って〈ジャリッ〉と大きな音を立ててしまった。

うかつであった。表門から拝殿までまっすぐに玉砂利が引いてあるのを忘れ、踏んでしまったのだ。

〈まずい！〉と思った瞬間、女がふりむいた。

おかっぱ頭に鉄輪《かなわ》をつけ蝋燭を二本立てている。

生ぬるい風にゆれる蝋燭の炎が、チロチロと彼女の顔を照らしていた。

陰影のついたその表情は、にっこりと口角を上げ菩薩のような優し気な笑みをたたえていたという。

彼は蛇に睨まれた蛙のように動けなくなってしまった。すると女はおもむろに後ろを向くと、地面に置いてあった何かを拾った。

もう一度、女が山口さんを振り返ったとき、その右手にはマサカリが握られていた。そして腕を振り上げると、まっすぐ彼に向ってきたのだ。

山口さんはあまりの怖さに、その場から急いで引き返した。

一心不乱に社務所に向かい全力で走っていたが、女の足は生きている人間とは思えないほど異常に速い。

下手をすると追いつかれる——。

すんでのところで社務所に飛び込んだ彼は、扉を閉め鍵をかけた。その直後、マサカリが〈ガンッ〉と扉を突き破ってきたのだ。

ガンガンガンッと女は扉を破壊し、侵入しようとしていた。マサカリが扉に刺さるたび、尋常ではない力でそれを引き抜き、凄まじい速さで扉を壊していく。

このままだと殺されてしまう——。この騒ぎを聞きつけ起きてきたB先輩と、急いで長机や椅子で扉の前をふさぎ、バリケードを作っていった。

その途中、破れた扉の隙間から女が顔を出した。興奮で顔が上気している。目を見開き

〈ギャッギャ〉と笑いながら、山口さんたちを楽しそうに見ていたという。


女の怪力により、バリケードも押され崩れてきた。

山口さんが恐怖のあまり狼狽えていると、B先輩が奥から刺又《さすまた》を二本持ってきた。

「おい、あの女を捕まえるぞ！」と、そのうちの一本を山口さんに渡してきたのだった。

怒り狂った先輩が半分以上破壊された扉を蹴り破ると、なんと女は忽然と消えていた。

先輩が扉を蹴ったとき、女にぶつかった衝撃は感じていたのに、だ。

マサカリは扉に刺さったままであった。武器を持っていないのであれば男二人、こちらの方が有利である。

「まだ遠くに行ってないはずだ、探すぞ！」B先輩と手分けをして境内を探し回ったが、女はどこにもいなかったという。


それから二人は宮司に連絡を入れ、警察にも通報した。

「警察はすぐに来て、マサカリを押収していったよ。でもさ、そのマサカリから指紋も皮脂の組織も出なかったって。刑事から女は手袋をしていましたかって聞かれたけど、していなかったような気がするんだ。焦っててよく見てなかったのもあるけど……」

警察もその日のうちに女を探したが、結局行方はわからずじまいであった。

あの事件からしばらくして、B先輩は辞めてしまった。

「B先輩、ずっとあの女が自分をつけているような気がするって言ってたんだ。丑の刻参りって見られた相手を殺さないと、自分に呪いが返ってくるっていうだろ。だから、未だに俺たちを付け狙ってるんじゃないかって……実は俺も最近、あの女が近くにいるような気がして……」

買い物中にガラスに映る女を見たんだ。びっくりして振り返ってみても、どこにもいなかったけど。ただ、ふとしたときに視界の端にいるって感じるんだ。

見返すたび、いないんだけどさ……。

俺も殺されたくないから、辞めて遠くの神社に行くかもしれない……。

この話を聞いた持麻呂さんは、何も言えなかったという。

後日、山口さんはその神社を辞めたそうだ。

ただ不可解なことが二つある。

警察は調べなかったそうだが、後から山口さんが藁人形を打っていた木を調べて見ると、藁人形も釘もなく、しかも釘を打ったと思われる穴も開いてなかったという。

女は鎮守の森で、一体何をしていたのだろうか。

山口さんたちが聞いた〈コーン、コーン〉という音からしても、何かを打ち付けていたのは間違いないとは思うのだが。

また、彼らは女のことを人だと認識しているようであるが、本当に生きている人間の仕業なのであろうか。

走る速さ、女性とは思えない怪力、一瞬で姿を消す能力。

これらを考えてみても、私には異形のモノの仕業としか考えられないのである。

【第二話　神主の怪異その二】

面呪縛

遭遇者：谷村さん（神主）

次に伺った話は、持麻呂さんの大学時代の先輩が遭遇した怪異である。

「先輩が奉職した神社は地元では『首つり神社』って呼ばれているそうです。何でもバブル崩壊後に、境内周辺の鎮守の森で首をつった人が二人いたみたいで。その鎮守の森って、真ん中に細い歩道が通ってるんですよ。地元の人も通勤とかで使ってる道です。境内に入らなくても森に入れるので、自殺しやすかったのかもしれませんね」

仮にその先輩の名を谷村さんとしておこう。

谷村さんも毎日神社にご奉仕に行く際、その道を通っていたという。

ある日の早朝、谷村さんがいつものようにその道を歩いていると、鎮守の森の切り株のところに何か物が置いてあるのが見えた。

近寄ってみると狐のお面であった。切り株に立てかけるように置いてあったそうだ。

「高価な物じゃなくお祭りの屋台で売ってるような、プラスチック製の安いお面だったそうです」

谷村さんは拾って捨てようかどうか一瞬迷ったという。

だが、前の日に森で遊んでいた子供の忘れ物かもしれないし、それなら取りにくるだろうと考えそのままにしておいた。

そして次の日の朝。

彼がまたその道を歩いていると、今度は狐の面と交換したかのように女性の顔の能面が同じ切り株に立てかけてあった。

拾ってみると昨日のような安価な物ではなく、木製で漆も塗ってあり高価な面に見える。

昨日の狐の面は子供が取りにきたか、誰かが捨ててしまったのだろう。だが、なぜ高そうな能面が同じところに置いてあるのか不思議であった。

谷村さんは、さすがにこれはこのままにしておけないと面を神社に持っていき、落とし主がくるまでしばらく預かることにしたそうだ。

後で調べてみると「小面《こおもて》」という名の能面であったという。

その翌朝、次は翁《おきな》の面が立てかけてあり、その次の日は老女の能面が置いてあった。

いずれも高価そうな面であったため同じように神社で預かることにしたのだが、なぜこのようなことをするのかと神主たちの間で話題になっていたという。


明くる日の朝のことであった。

谷村さんがいつものように歩道を歩いていると「ひゃー！」と、突然女性の悲鳴が上がった。何事かと顔を向けてみると、彼の前を歩いていた女性が鎮守の森のとある木を指さして震えている。

木にはスーツ姿の男性が、〈般若の面〉をつけてぶら下がっていた。

谷村さんはすぐに宮司に報告し、警察を呼んだ。

「預かっていた能面も、警察に提出しよう」

縊死《いし》していた男性は〈般若の面〉をつけていた。今まで拾った能面も関係があるとしか思えない。宮司のこの言葉により警察に事情を説明し、保管していた面全てを提出したという。

そして男性が首をつっていた木は、面がおかれていた切り株のすぐ横にあった木であったことも話した。

担当した刑事は興味深く聞いていたが、調べても拾った能面と男性がつけていた〈般若の面〉の関係性はわからなかったそうだ。

そして検視の結果、男性は「首つり自殺」として処理されたという。

警察からそう連絡が入ったその日の夕方、何とはなしに社務所に集まった面々で、この事件について語り合った。

「それにしても変な事件だったなあ」

「前にあった、首つって死んだ人の祟りとか？」

「いやあ、あれはもう二十年以上も前のことだよ。鎮魂の儀もしたし、今更祟りなんてあるわけない」

一連の奇妙な現象はこれで終わると、みな思っていた。

しかし数日後、またくだんの切り株に〈狐の面〉が立てかけてあったのだ。

次の日は小面、その次は翁と、以前と同じ繰り返しである。

狐の面が置かれてからすぐに警察に相談したが、事情を知った誰かによるいたずらだろうと相手にされなかったらしい。

翁の面が置かれた日、嫌な予感がしていた谷村さんはすぐに宮司に相談した。

「祟りというか、誰かを呪うための儀式なんじゃないですかね？　明日、老女の面が置かれたら、また死人がでるかもしれないですよ」

「うーん……そういった呪術めいたものは今までもなかったし、信じていないけどね。とりあえず、今ある面だけでも焚き上げてみるか」

狐の面、小面、翁の面は保管していたのでその日のうちにお祓いをして、お焚き上げもした。

その甲斐あってか、次の日は何も置かれていなかったという。

だが、三日後にまた新たに〈狐の面〉が置かれていたのだ。

また振り出しに戻ったかと谷村さんは戦々恐々としたが、お祓いと焚き上げは、町の人に知らせずに行っていた。ということは、ただの偶然かもしれない。

人間の仕業だとしたら、誰もいない深夜に置いているはず。あの神社は恐ろしい呪いをかけられていると、風評被害が起きても困る。とにかく犯人を捕まえようと、みなで集まって会議を開いた。

一晩中見張るのは無理だと判断した神社側は、切り株が見えるように簡易的な監視カメラを設置した。設置した日は次の日、〈小面〉が置かれた日であった。

その翌日、順番通り〈翁の面〉が置かれていた。

「これで犯人がわかりますね」

「ああ。映っているのが確認できたら、すぐに警察に持っていこう」

谷村さんと宮司の二人で、撮った映像を見てみた。

だが、そこには誰も映っていなかったのである。

肝心な切り株に立てかけられた〈翁の面〉は、炭酸の泡のような粒子が一斉に集まったかのように〈シュッ〉と出現していたという。


「ありゃあ……これは本当に呪いか祟りか、どっちかだなあ」

神社の宮司は頭を抱えていた。

「どうします？　警察に行っても埒が明かないでしょ」

「とりあえずこの間と同じように、焚き上げてみるしかないな」

この怪奇現象はお祓いをし、面を焚き上げると二、三日はおさまることはわかった。

だが、この呪術めいたものの根本があるなら、それをどうにかしないと解決しないだろう。

また、祟りであるならば本格的に鎮魂祭をしてみるかという案も出ていた。

ある日の午後、胸騒ぎを覚えた谷村さんは、くだんの切り株と男性が自殺した木、またその周辺を調べてみた。

すると男性が自殺した木の真後ろに生えていた樹木に、膨大な量の釘が丸く円を描くように打ち付けられているのを見つけた。

谷村さんの目線と同じぐらいの高さのところに、一か所に集中して打たれていた。

恐る恐る触ってみると、釘は容易に取れてしまったという。

おそらく古いものなのであろう、ほとんどの釘が錆びついていた。

全ての釘を抜いてみると、ぽっかりと穴が開くほどであった。

穴の中をのぞいてみると、何か繊維状のものが入っている。

取り出してみると、なんと白髪の固まりであった。

あまりの気持ち悪さに彼が手を振り払うと、その日は風も吹いていなかったのに、どこかに飛んで行方がわからなくなってしまったという。

残った釘はねんごろに弔った。それから二度とお面は置かれなくなったそうだ。

【第三話　高層ビル窓拭き業の怪異】

待ち人

遭遇者：Nさん（弁当移動販売業）

Nさんは、あるオフィス街で移動式の弁当屋を営んでいる。

平日の昼休みともなれば、長い行列ができて、忙しい毎日を送っているのだそうだ。

そんなNさんだが、二十五歳だった二年前までは、別の仕事をしていたのだという。


「窓拭きです」

あぁ、清掃業か、と思ったが彼女から続けて出た言葉に、取材のペンが止まった。

「高層ビルの」

聞くと、屋上からロープで吊ったゴンドラに乗って作業するのだという。女性が高層ビルの窓拭きをするなんて珍しいと思ったが、意外と女性の作業員もいるらしい。給料もよく、二人一組などの少人数で仕事をするため、口下手なNさんには向いていたそうだ。

よく晴れた日だった。雲ひとつなく、快晴というのはきっとこういう青空を指すのだろうとNさんは思っていた。

ある日のことだ。

「三十階建ての高層ビルの窓を清掃しているときでした。同じゴンドラには、A君という仲間が乗っていて」

いつもの手順で、上から下に移動するゴンドラに揺られながら、窓を綺麗にしていく。

文字通り、汚れひとつ残さずに拭き取ると、なんだか気分が良い。

黙々と作業をしていればいいので、ストレスはほとんどなかった。

「落下の恐怖だけはありました」

そう。それだけが、気がかりだった。

「そういうときは、遠くを眺めるといいと聞きました」

二十五階の窓を拭いているときに、ふいに怖くなったNさんは、遠くを眺めた。

視線の先にあったのは、ビルが乱立する中、一際高く目立つ高層ビル。

見ると、やはり同じように向こうでも窓清掃をやっている者がいる。

不思議だったのは、たったひとりで行っていることだった。

黒いヘルメットを被り、黒いつなぎ服を着て、襟や袖から覗く肌も太陽に焼けているのか真っ黒だった。

Nさんは、隣で窓を一生懸命に拭いているA君に、声をかけた。

「ねぇ、あそこ。あのビルに同業者いるよね？」

額ににじんだ汗を拭うと、A君はNさんを見て、それからNさんの視線を追った。

「ん？　どのビルですか？」

「ほら、あそこ」

Nさんたちから見て、一番目立つビルだ。

「え？　どこですか？」

「いや、だから」

指をさす。

「あそこのビルの、真ん中あたり」

四十階建てのビルの二十階くらいを示す。

「あぁ、あのビルですか。同業者、います？」

「いるでしょ」

「そうかな……」

「なんで見えないの？」

Nさんたちのいるビルから、二百メートルほど向こうのビルに、ゴンドラに乗る同業者が、一心不乱に窓を拭いている。

遠目だが、T字の水切りワイパーを使っているのがわかる。その道具を右手に持ち、忙しなく右に左にと動かしている。スキージーで窓ガラスに残った水滴を除去しているのだろう。

ただ、ゴンドラから身体を乗り出して、窓枠の外まで掃除しようという姿勢に、Nさんは不安を覚えた。

（落ちちゃったらどうするの？）

上半身どころか、腰下あたりまでゴンドラから出てしまっている。あれでは、ちょっとした強風に煽られただけで、真っ逆さまだ。〝命知らず〟という言葉が脳裏を過ぎる。と同時に、〝とても真面目なんだな〟とか〝どんなに大変でも手を抜かないんだ〟という想いが胸いっぱいに広がって、なんだか頼もしく思えてきた。

しかし、そんな〝同業者〟の姿がA君には見えないのだという。

「おかしいと思って。自分にしか見えてないのかなって」

そう思ったNさんは、そこでその会話を打ち切った。

事はこれで終わらなかった。

次の現場、またその次の現場でも、遠くを眺めると、あの〝一際高く目立つ高層ビル〟が目に入る。

そして、そこには必ず、Nさんにしか見えない〝同業者〟が作業をしている。

「毎日見ているうちに、なんだか他人とは思えなくて」

Nさんは、その謎の同業者に親近感を持ってしまった。

あるときは、コンタクトを取ろうと、鏡でチカチカと太陽光を反射させてみたり。

またあるときは、大きく手を振ってみたり。

Nさんは、たちまち同僚の間で変人扱いされるようになった。

「一度だけ、目が合ったんです」

どのタイミングだったか、彼が被っていたヘルメットをゴンドラの床に落としてしまったときのことだ。

〝同業者〟は異常なまでにきょろきょろとし、床に落ちているのが明らかにも関わらず、足元以外の場所——真下の道路や窓の中——を探していた。そんなときにNさんとバチッと視線が合ったのだという。

「根拠なんてありません。合ったと思ったから、合ったんです」

嬉しくなったNさんは、届きもしないのに、「おーい」と声を掛けてみた。

反応はなかったが、そうしているとより近くに〝同業者〟を感じられたのだという。


「だから、今、ここで弁当屋をしてるんです」

といって、Nさんは頭上を指さした。

つられて目を上に向けると、高いオフィスビルがそびえ立っている。

「いやだなぁ。今日もお仕事中じゃないですか」

このビルが〝同業者〟の作業場らしい。だが、いくら探しても彼女に見えている〝同業者〟の姿は見つけられなかった。

「ここにお弁当屋さんを開いたのは、彼の姿を見ていたいから？」

私がそう尋ねると、かぶりを振った。

「いいえ、違います」

〝いつかあの人が落ちてきたら、一番最初に面倒を見られるじゃないですか〟

そう言って彼女は、頬を赤らめた。

【第四話　伝書鳩ブリーダーの怪異】

死者からの伝言

遭遇者：Fさん（元伝書鳩ブリーダー）

『伝書鳩』をご存知だろうか？

レース鳩とも呼ばれ、千キロ以上離れた地点からでも、その帰巣本能と飛行能力で巣に戻れる。この特性を活かして、かつては通信手段として使われていた。特に、血清などを入れた筒を鳩に運ばせるなど医療分野で活躍していたそうだ。

レース鳩は日本でも過去にブームになっており、最盛期の一九七〇年代には、国内に三万人の愛好者がいたといわれている。

さて、『レース用』ということは、競走馬のごとくブリーダーが存在する。

「たとえば、方向感覚が鋭い個体と、荒れた天気でも飛べるような個体をかけあわせると、どんな強風の日にも最短距離でゴールする個体が生まれるんです」

そう説明してくれたのは、Fさんという六十代の男性だ。

彼は、七十年代に伝書鳩ブリーダーを目指していたのだという。しかし、結局思うように活動ができず、その道を諦めたのだそうだ。

「いや、諦めたのは他の理由もあったんですよ」

と言って、こんな話を聞かせてくれた。


よく晴れた初夏の早朝のことだ。

Fさんは、日課である伝書鳩の帰巣訓練を始めた。放鳩《ほうきゅう》して、鳩舎に戻ってくるようにするのだ。

「一度、放鳩すると三十羽が飛び立って、上空で大きな円を描きながら飛ぶんです。そのあと、鳩舎に戻ってくるのを確認する。そんなことを繰り返すんです」

一通りの訓練が終わると、Fさんは朝食を取って仕事に向かう。

昼間、餌やりなどの鳩の世話をするのは奥さんで、Fさんは仕事から帰ってきてから、鳩の面倒を見る。と言っても、巣箱の掃除をするくらいだ。

「本業は、養鶏場で飼育員をしていました。で、仕事が終わって帰るとすぐ、鳩舎を掃除するんです。不衛生は病気の蔓延を招きますから、けっこう気を使うんです」

Fさんは、作業着に着替えると鳩舎に向かった。

やることは、フンの除去がほとんどだ。糞掻《ふんか》きというT字型の道具を用いて、床に散乱しているフンをはがしてゴミ袋に入れていく。鳩舎は人ひとりが立って歩けるほど大きいので、腰を痛める心配はない。

「そこまでは、毎日の、慣れ親しんだ作業だったんです。あれを見つけるまでは……」

鳩舎の奥から作業を進めていた。入り口近くになったときだった。床に見慣れないものが落ちているのに気がついた。

（あれ？　これはなんだろう？）

「不思議に思いましたね。外に出るのは、訓練のときだけです。決まった空路を飛んで戻ってくる。何かを拾ってくるなんて、まずない。鳩舎に落ちているのは、羽か糞、あとは餌の殻が散らかっているくらいで」

いったい何だろうと思い、腰をかがめて、手を延ばして拾い上げる。

見ると、プラスチックのような素材で、平たく薄い。色は向こう側が透けてしまうほど淡いが、はっきりと乳白色だということがわかる。片面に、何か赤黒いものが付着している。

（付け爪……？）

さらに観察してみようと顔前に持ってきたとき、鼻腔を刺激する腐臭で否が応でも気がつかされた。

「うわっ！」

人間の生爪だ。形から、おそらく左右どちらかの親指の爪だろうということがわかる。

「放り投げちゃった方向に歩いてって、もう一回よく見てみたんだけど、やっぱり人の爪でして」

摘むようにして目の前に持ってくると、どういうものかよく理解できたそうだ。

どう見ても生爪だった。小さく赤黒く変色した肉片が付いていることから、少し前まで本体に生えていたんだろうと思った。

「でも……、まぁ、なんていうか……、菜園作業の事故か何かで小枝についた爪を偶然持ってきちゃったんだろうなって……」

Fさんは、そう結論づけて、あまり気にしないことにした。

だが、その後も爪は見つかり続けた。

翌日は一枚、また翌々日も一枚だけ生爪が鳩舎から出てくる。

四日目になると、一度に五枚の爪が見つかった。

さすがに限界だった。

偶然と片付けたが、今はとてもそう思えない。むしろ、意識的に何かがここに爪を持ってきているという話の方が納得がいく。

（気味が悪い……）

条件反射なのか、鳩舎に入ると自然に鳥肌が立ってしまう。

それでも、掃除はしなければならない。

見つけた爪は、気はすすまないが、適当なガラス瓶に入れて保管することにした。

しかし、どうしたらいいのかFさんは何も思い浮かばなかったという。


翌日。

Fさんが、鳩舎を掃除しようと中に入ると、十枚以上の爪がばらばらと散乱していた。

「さすがに気持ち悪くて。でも、興味持っちゃったんですよ。誰がこんなことやっているんだろうって」

犯人探しが始まったわけだ。

「施錠はしっかりしてました。鳩舎に入れるのは妻と私だけなので、妻ということも考えなくはなかったのですが、長年連れ添ってきた仲です。どうしてもそうは思えませんでした」

と、なると……。

「その次の日に、訓練に出た鳩たちを観察して、後をつけることにしたんです」

鳩舎に落ちているということは、鳩が持ってきたに違いないとFさんは思った。

「仮に一羽が一枚の爪を持ってきていたとすると、三十羽の群れから十羽がコースを外れてどこかに行ったことになります。三分の一が別行動を取れば絶対に気がつくだろうと思って、鳩そのもののせいではないんじゃないかって考えました」

尾行すれば何かわかるんじゃないか。飛んでいる鳩を観察して、追いかけるのは容易ではないが、できないことではない。

ことが始まってから六日目の朝。

Fさんは、鳩の訓練を始めると、玄関を出て鳩がおかしな飛び方をしないか観察していた。

「そしたらね、いたんですよ。あさっての方向に飛んでくのが数羽」

群れをなして飛ぶ伝書鳩たちから、さっと数羽がまったく関係ない方向へ飛んでいく。慌ててFさんは、その一団を追いかけた。

「どのくらい走ったか覚えていませんが、ある河川敷にたどり着いたんです」

鳩たちは、川が近づいてくると一斉に高度を下げて、土手の下に降りていった。

朝早いからか、あたりには誰もいない。

ジョギングをしている人も、ペットの散歩をしている人もいない。

その様子をFさんが見ていると、しばらくして鳩が何かを口に咥えて飛び立っていった。

「やっぱり爪なんだろうなって」

じゃあ一体、鳩がいた場所には何があるのだろうと、まだ気温が上がりきらない冷え込んだ空気の中、Fさんは川辺に向かって近寄って行った。

川辺には、早朝にもかかわらず、羽虫たちが蚊柱のように舞っていて視界を遮ってくる。苛つきながら、それを手で払いのける。管理者がいないのだろうか。雑草が生い茂り、足元が見えにくく、歩くにも滑らないように注意がいる。

「ひどいな、ここは」

余計にいらいらしてきて、思わず愚痴がこぼれる。

転ばないように気をつけながら進んでいく。こんなところで、ずぶ濡れになるのはご免だ。

——と。

一瞬、視界が開けたような気がした。

自分のすぐ目の前。背の高い水草が——人ひとり分くらいの面積——生えていないところがある。

これこそ、鳩たちが来ていた場所に違いないと直感で思った。

見ると、その水草の頭から上、少しだけ何かが浮いていることがわかる。

あぁ、ゴミか。この河川敷だって、ちょっと前に不法投棄が問題になったのだ。

それにしても何が捨ててあるんだろうか。鳩が啄ばんでしまうと良くないものだとすると困る。じっと観察するが、赤黒い何かとしかわからない。

Fさんは、よく確認しようとして、さらに一歩踏み出した。

次の瞬間。

Fさんは、思わず両手で顔を覆った。いや、鼻と口を塞いだというのが正解だ。

「なんていうのか……。あの爪についていた腐臭をもっと濃くしたような……。生臭いというよりも生温かいという感覚ですかね。温度があるんですよ、臭さには」

人の背中のようなものが見えた。うつ伏せに水に浸かっている。

よく見るとまったく動いていない。上下に浮き沈みしているように見えるのは、単に水面が川の流れによって上下しているからで、意識がないことは明らかだった。

Fさんは、一刻も早く助け出さないと手遅れになると思い、さらに一歩踏み込んだ。

そこで大きく波紋が立った。

勢いで、倒れている人がぐるりと仰向けになる。

そこには、肌色とはとても言いがたい色に変色し、大きく膨張した人間がこちらを見て転がっていた。

「おわあっ！」

——バサバサバサッ！

声に驚いたのか、何匹かの鳩が飛び立っていった。

Fさんは、そこで腰が抜けてへたり込んでしまった。

暗褐色に変わり果てた皮膚。体内に充満した腐敗ガスで倍に膨れ上がった身体。眼球もガスで内側から押し出されたのか、異常なまでに飛び出ている。そして、水草にからみつく、ふやけた頭皮のせいで抜け落ちた髪の毛……。

これ以上は見ていたくなかったが、目が離せなかった。視線を外せば、今にも起き上がって覆いかぶさってくるような気がしたのだ。

「もう興味がどうとか心配がどうとか言ってる場合じゃなくなって、すぐに警察に通報しました」

それからは、いったい誰と話したのか、何をしたのか記憶に残っていないくらい大忙しだった。

なぜ死体を発見したのか？

なぜ鳩舎に爪があったのか？

鳩が持ってきたと信じられるか？

……そして、なぜすぐに通報しなかったのか？

とにかくFさんは、長時間の事情聴取を受けるはめになってしまったのだそうだ。

「結局、その死体、爪が全部なかったそうです。鳩舎から全部出てきたって警察が教えてくれました」

Fさんが拾った爪。警察が捜査で鳩舎から発見した爪。二十枚がその死体のものだと鑑識の結果が出たのだという。

「当時は今と違ってDNA鑑定はありませんでした。普通は、遺体と爪の血液型を調べて一致するかどうか。そういう鑑定をするんだそうですが……」

そこでFさんが言い淀んだ。

「……、出てきた爪全部に歯型がついていたそうです。それが死体の歯型と一致したって警察が言うんですよ……」

Fさんは、探偵が推理するかのような考え込む姿勢になる。

「それって……、鳩に爪を持って行かせて、誰かに気がついてもらうために、死体が自分の指から噛み剥がしたんじゃないかって思っちゃうんですよね。死体が鳩を呼んだかもしれないなんて、信じられませんが……」

——ただ。

とFさんは顔を上げて続ける。

「鳩舎で見つかった爪、全部で二十一枚だったそうです。ですから……」

そこでFさんは黙り込んだ。

——まだ、誰か発見されてないんじゃないですかね。

パンパンに膨れ上がった、ドス黒い水死体に鳩が群がる光景が浮かぶ。

以来、Fさんはブリーダーの道を諦めたのだそうだ。

【第五話　ゴルフボールダイバーの怪異】

宝の山

遭遇者：Qさん（ゴルフボールダイバー）

ゴルフボールダイバーの仕事内容っスか。簡単に言っちゃうと、ゴルフ場の池に潜って落ちているボールを拾う、これだけっス。

まぁ、回収したロストボールは後で、機械で洗浄して売るんですけどね。ボールの状態とブランドによって値段が変わるんス。そうスねぇ、状態にもよるんスけど一個百円から、人気ブランドになると四百円以上で売れますよ。

え、ゴルフボールダイバーになれる条件ですか。特にないんスけど、オレは潜水士の資格を持ってます。他はスキューバダイビングのライセンスを持ってると、有利じゃないんスかね。

給料は時給のところと、拾ったボールの数で決まる出来高制があります。オレはモチ、出来高制っスよ。一日で拾えるボールの数は三千から五千ってとこっスかね。

これ話すと「かなりいい給料もらってんじゃないの」って聞かれるんスけど、そこは内緒ってことで。

あ、池ポチャしたロストボールの所有権は、ゴルフ場にありますからね。オレたちも手数料払って拾ってますから。中にはいるんスよ、夜中にこっそり入ってロストボールを拾う奴が。はっきりいって泥棒ですからね。最初のゴルフボールの所有権は購入者、池ぽちゃのようなロストボールは、ゴルフ場に所有権が移るんス。

そんなに珍しいですか。アメリカやインドネシアではメジャーな職業なんスけどね。日本ではまだまだマイナーなんスよねえ。


そうそう、怖い話ね。

潜っちゃいけない池があって。お得意先のゴルフ場なんスけどね。

この仕事をはじめたばかりの頃、先輩から「その池には絶対入るなよ」って言われたんスよ。変な話でしょ。池にボールが溜まったら、あふれちゃうじゃないですか。でも先輩に理由を聞いても、「オレもよく知らないんだ。でも、昔から言われてることだから入るなよ」って、教えてくれないんスよ。

だからしばらくは、その池に入ってなかったんス。

で、ある日、一緒に組んでたその先輩が休みだったんス。いつも陸上で作業する係一人と、潜る係の二人体制でやってるんスけど、違う人がきちゃって。

ラッキー、これチャンスじゃんって思うじゃないスか。だって、誰も入ってないってことは、ボールがたくさん落ちてるってことでしょ。いい具合にその日組んだ陸上の係はそのことを知らなかったし、出来高制だからたくさん拾うぞって、張り切っちゃって。


モチ、入りましたよ。

深さは十メートルぐらいだったかなあ。水は濁ってるから視界は悪いっスね。でもこっちは慣れっこなんでね、潜ってみたらあるわあるわ、もうボールが底に敷き詰められたように落ちていて、宝の山のように見えたんスよねえ。

で、夢中になって拾ってたら、太いパイプ管が底から出てて。そのパイプ管にもボールがいっぱい詰まってるもんだから、遊び半分で引っこ抜いてたんス。

ボールはパイプ管の入り口にだけ詰まってました。あ、穴が開いたなぁって、覗こうと思ったら、白い物が次々に飛び出してきて。

最初は金魚か鯉の稚魚かと思ったんス。たまに捨てる人がいるんスよ。家で飼えなくなったかどうか知らないけど、わざわざ持ってきて池に放流しちゃう人が。

だけど、よく見るとまん丸で白い。あれ、ロストボールかなって不思議に思って、水中にたくさん浮かんでるやつの一つを手に取ってみたんス。

そしたら、わかっちゃったんスよねえ。

あれ、ボールじゃないって。

うわー、止めときゃよかったって思ったときは、もう遅かったっス。

そのぷよんとした物体〈人間の目玉〉だったんスよ。

水中だから悲鳴も上げられない。驚いて手を離すと、一斉にクルって、マジでクルって感じで、水中に浮かんでいる目玉全部がオレの方を向いて睨んできたんス。

もう、無我夢中で逃げましたよ。陸上の係の人、オレの慌てた様子を見てビックリしてましたもん。

で、思ったんスよねえ……あの池って〈わざとロストボールを打ち込んでる〉んじゃないかって。

そう、あの目玉が出ないように。

いや、あくまでもオレだけの考えっスよ。

ただ、後から噂で聞いたんスけどね……さっき、夜中にロストボールを盗みにくる奴がいるって話したじゃないスか。

あの池、過去にそういう輩が、溺死した事件があったそうなんス。

やっぱ素人さんが潜って拾うのは、難しいと思いますよ。

【第六話　結婚式ペーパーアイテム作成業の怪異】

吉兆

遭遇者：Kさん（ブライダル業）

ブライダル業界に勤めるKさんという女性から聞いた話だ。

彼女は、美術大学を卒業して、「ペーパー」を扱う小さな会社に新卒で就職した。

一般的には、「ペーパーアイテム」と呼ばれるそれは、結婚式で使用する「紙もの」すべてを指すそうだ。例えば、招待状、席次表、席札、お車代やお足代を入れるポチ袋、料理の献立リストなどがこれにあたる。

彼女曰く、結婚式業界というのは横文字を好み、ひらがなや漢字を避ける傾向にあるのだそうだ。

ペーパーアイテムは、式場の担当者から注文を受ける形となるのだが、Kさんの就職した会社は特定の式場と契約しているわけではないので、全国各地の式場から毎日大量の注文が届く。

結婚式は一年三百六十五日、どこかで開催されている。それも式場ひとつにつき一日一回というわけではない。会場を複数持つ式場であれば、同時に何件か開催するだろうし、午前・午後と分かれれば、それだけ倍の回数、開催されることになる。

Kさんの会社は、推して知るべしという忙しさだったという。


Kさんが就職して間もない、ある日のこと。

上司や同僚が出払っているなか、彼女は事務所で書類を整理していた。

ファイルに、これはこっち、これはあっちと書類を分別して挟んでいく。

面白くない雑用仕事だったが、これから多くのペーパーアイテムのデザインを任されることを想像すると、どんな単純作業もとても楽しく充実した時間に思えた。

作業が大方片付いたので、一息入れようとしたとき、事務所の電話が鳴った。会社に残っているのは、Kさんの他には社長のみ。社長に電話対応をさせるわけにはいかないので、慌てて受話器を取った。

「あんなもの送りつけて来やがって！　どうしてくれるんだ！」

突然、男の怒鳴り声がした。

思わず受話器を耳から離す。それでもまだ相手の声が耳の奥まで響いてくる。よほど腹を据えかねているのか、受話器のスピーカーが壊れてしまうのではないかと心配になるくらいの声量だ。

声の感じからすると、初老の男性であろうか。大きく見開いた目は血走り、受話器に向かって怒鳴り散らす。そんな光景がKさんの脳裏に浮かんだ。

いったい何をそんなに怒っているのか。

入社以来、初めてのクレーム電話に、Kさんはどうしたら良いのかわからず固まってしまった。すると、Kさんの手から受話器がひょいと取り上げられた。驚いて振り返ると、社長が立っていた。

「大変申し訳御座いません、私、責任者の○○と申します、この度は……」

社長は電話の相手に誤り始めた。癖なのか、相手もいない空間に向かってぺこぺことお辞儀を繰り返している。

しばらく電話で謝り倒した社長は、受話器を置くと席に戻って行った。

いったい何が起きたのかわからなかった彼女は、社長に聞いてみた。

「あの……。社長、今の電話は？」

「まぁ、長くこの業界やってるとね、年に一度や二度、変なクレームがくるんだよ。ミスプリントっていうか、不良品っていうかね」

つまり、よくあるお叱りの電話だと、社長は言っているのだ。

「はぁ……、そういうものなんですか？」

「そういうもんだよ。やれ席次表に問題があっただの、やれ招待状が気に喰わないだの。まったくこっちからしたら、いい迷惑、営業妨害だよ。一度は納品して受領したはずなのにねぇ」

「あの……、それって具体的にどういう苦情だったんですか？」

瞬間。社長に、ジロリ、と睨まれた気がした。

「うーん、新郎の父親からの電話だったんだけど、結婚式の日にミスプリントなんて縁起でもないから、結婚式費用を弁償しろだとかかなぁ。そんなのまず無理なんだけどねぇ……」

と頭を掻きながら、社長はぼやいた。

口数の少ない社長にしては珍しく饒舌だった。

「なんだかわからないんだけどねぇ。ペーパーっていうのは、絶対に間違いがあっちゃいけない。誤字脱字はないか、敬称・役職は間違ってないか、指定された数か、絵も大丈夫か、印刷にズレはないか、本当に何度もチェックして出荷してるんだけどね。それでも欠陥品が混じるんだよ」

ペーパーアイテムは絶対に不備があってはならないので、受け取った側の式場の担当者も入念にチェックする。

しかし、式の直前や最中になって、失敗作のような状態になった「ペーパー」が見つかり、参列者から指摘されるのだという。

「実際、一度直接謝りに行ったことがあるんだよ。そのときも、すごく怒られてねぇ。投げつけられたペーパーを見ると、たしかに瑕疵品でさ。誰かの悪質ないたずらじゃないかと、そのペーパーを手に取って見たんだけど、やっぱりウチの商品なんだよね。もう反論の余地がないってくらいに」

困ったような表情になっているKさんを気遣ってか、気にするなという感じで手を振りながら、社長は続けた。

「で、そのあと何日かしてそのお客さんから電話が来てね。やっぱり怒ってた。謝りに行ったときよりも怒ってたんじゃないかな。『おかげで新郎が事故で死んだ』って」

「え？」

予想もしない展開に息が詰まる思いがした。

「そのミスプリントってどういうものなんですか？」

「どうしても見たい？」

当然だ。これからこの職場で働いていくのだ。そんなわけのわからないものがあってたまるか。ましてや、自分だけ知らないとは論外だ。

「信じられないんでしょ？　じゃあ、いいよ。そこの引き出し、鍵はかかってないから開けてごらんよ」

社長が指さしたのは、部長の席にある袖机だった。

Ｋさんは震える手を取っ手にかけて、一気に引き出した。

――っ！

声が出なかった。いや、出せなかった。

そこには、無数の紙ものが無造作に押し込まれていた。引き出した弾みで、そのうちの何枚かが床に散乱した。

招待状、席次表、席札、ポチ袋、献立リスト……。

なぜかすべてに黒い縁が付いている。黒縁は墨汁のようなもので描かれているのか、わずかに滲んでいる。水彩画のようだと思った。どう見ても、人の手でできるような代物じゃないとも思えた。

「それ、たまにあるんだよ。〝不吉なペーパー〟。新婚さんなのにねぇ。大怪我したとか、大病を患ったとか、突然亡くなったとか。そんな会葬礼状みたいな〝不良品〟が出た新郎新婦には必ず不幸なことが起きる……。まぁ、似たようなクレーム電話がきたら、その場にいる役職が一番高い人に代わってね」

そう言うと、社長は席に戻っていった。

Kさんは社長が小さくつぶやくのを聞き逃さなかった。

「今回はどうなるのかな。死なないといいけど」

そうつぶやいた社長の顔は、ニヤついていた。

【第七話　保育士の怪異】

アタシャナイナイ

遭遇者：K子さん（保育士）

「子どもって不思議な物が視《み》えるって話、聞いたことありますよね？　幽霊か妖精だかわからないんですけど、うちの園の子もたまにいるんですよね、視えてる子が」

そう語り始めたK子さんは、都内の保育園で保育士として働いている。

何もない宙を見てキャッキャと手を叩いて喜ぶ〇《ゼロ》歳児、〈金色の蛙〉を見つけたと、庭中走り回って蛙を捕まえようとする三歳の男の子。季節は冬。当然、そこには金色の蛙などいないわけだが、男の子はすぐ目の前に〈いる〉と言って譲らない。

「うちでは〇歳から五歳までの児童を預かっていますが、より年齢が低い子の方が視えてるような気がします。あ、誤解がないようにいうと、全員が視えてるわけではないですよ。何年かに一人か二人、そういう子が入園してくるんです」

長年、たくさんの子供たちをみてきたK子さんであるが、最初から〈視える子〉がいるとは考えてもいなかった。

「子どもって想像力が豊かでしょ。ごっこ遊びをしてる間に、本当にいるって信じちゃう子もいるんだって、あのことが起きるまでそう思ってました」

六年前、K子さんが現在の認可保育園に転職したばかりの頃の話である。

ある不思議な女の子がいたという。仮にその子の名前を、絵里ちゃんとしておこう。

絵里ちゃんは帰り際、プレイルームのおもちゃを入れている据え置きの大型キャビネットに向って、毎日「ナイナイ」と手を振るのが日課だったそうだ。

「ナイナイ」という言葉は「バイバイ」という意味だと絵里ちゃんの母親は言っていた。当時、その子はまだ二歳で舌足らずであったのだ。

K子さんは絵里ちゃんのことも〈想像力豊かな子〉だと認識していたので、さして驚きはしなかった。大方、おもちゃ箱に入っているぬいぐるみが動いていると空想して、一人遊びでもしているのだろうと、安易に考えていたという。

そんなある日の夕方。

絵里ちゃんの母親が迎えにくると「アタシャ、ナイナイ」と、キャビネットに向って手を振っていたという。

「アタシャ」は、絵里ちゃんから初めて聞く言葉であった。

もしかすると、ぬいぐるみに名前を付けたのかもしれない——。子どもの成長は早い。アタシャの意味はわからないが、おそらくアニメか絵本のキャラクターの名前だろう。それでも自ら進んで名前を付けられるようになったかと、K子さんは微笑ましく感じていた。

「アタシャ、ナイナイね」と、一緒になって手を振り、絵里ちゃんを見送ったという。

その後、K子さんは運動会で使用する入場ゲートを作るため、他の保育士たちと残業をしていた。入場ゲートの枠組みは、展示用としてよく使用されている割れにくい風船と、紙で作った花、かわいい動物たちの絵で彩られていった。

気が付くと時刻は夜十時を過ぎていた。完成まであと一歩というところであった。

K子さんの家は園から歩いてすぐのところにある。電車通勤の保育士たちを先に帰し、彼女は一人残り黙々と作業を続けていた。

最後の風船を取り付けようと手に取った瞬間〈ぶしゅう〉と鈍い音をたてて空気が抜け、しぼんでしまった。調べてもどこにも穴など開いてはいなかった。不良品がまぎれていたのかもしれない。

「なんなの、もう」一人ごちたあと、突然「ナイナイ」と声が聞こえてきた。

絵里ちゃんの声ではなかった。か細いが明らかに大人の女性の声だった。

何だろう、この声。気味が悪い。

外から聞こえてきた声ではないと直感した。もしかすると誰かが侵入したのかもしれない。

そうであれば怖がっている場合ではない。

K子さんが見回ると、プレイルームに仄暗いオレンジ色の灯りが灯っていた。

あの部屋は蛍光灯だけで、間接照明などは置いていないはずだった。

不審に思った彼女がプレイルームのドアの窓から中を覗くと、赤いブラウスを着た女性が一人、キャビネットの前に佇んでいた。

女の身体が浮かび上がるように、周囲はうっすら光っている。女は深くうつむき、腕を不格好に曲げ、何やらぶつぶつと呟いているようであった。その足元には、ぽたりぽたりと雫が落ちていた。長い髪が顔にかかり表情は見えなかったが、どうやら泣いているようである。

よくよく見ると、女は赤ちゃんを抱いていた。先ほど見えた奇妙な形に曲げた腕は、赤子を抱えているせいであった。

いや、正確には赤ちゃんを抱いているように見えたのだ。

さも、赤子が着ているかのようにぷっくりと膨らんでいるベビー服からは、手も足も出ていなかった。そしてベビー服についているフードは、まるでかぶっているかのように、丸く膨れ上がっている。

それを見た瞬間、絵里ちゃんの言っていた言葉の意味がわかった。

「アタシャ、ナイナイ」は〈赤ちゃん、いない〉だったのだ。

走って逃げたい気持ちと裏腹に、足がすくんで動かない。身じろぎもできず見ていると、ふと女が顔を上げてこちらを向いた。

泣き過ぎたのであろう、涙を流しているその目は腫れあがり顔はぐしゃぐしゃに濡れ、首筋から血が流れていた。そして「ナイナイ」と小さく呟いているかのように、ずっと唇は動いている。

「ナイナイ……赤ちゃんいないのおおおおおおお」

急に女は絶叫に近い甲高い声を出すと〈奈落〉に吸い込まれるかのように、床下に消えていったという。

後日、彼女がこの幽霊話を職場の先輩に打ち明けてみると、「私がここにくる前の話だから、詳しくは知らないけど」と前置きされ、こんな話を聞かせてくれた。

「うちの園、むかし死亡事故があったらしいよ。お昼寝のときに、うつぶせのままだったのに気がつかなかったみたい。窒息死だって。何度も不妊治療して、やっとできた子どもだったのにって、母親が毎日泣きながら怒鳴り込んできて大変だったらしいの。それから精神的におかしくなってその母親、自殺したって……」

それを聞いたK子さんは何も言えなかった。

彼女もまた、子を持つ母親である。物悲しさを覚え、涙ぐんでしまったという。

「あの女性、首の頸動脈を切って亡くなったんじゃないかって、ふと思ったんです。赤いブラウスを着てたって話したでしょ？　首からも血を流してたって。その血で白いブラウスが、赤く染まったんじゃないかな」

K子さんは今でも同じ保育園で働いている。

遅くまで残業することは避けるようになったが、母親の霊が一日も早く成仏できるよう祈っているそうだ。

【第八話　システムエンジニアの怪異】

真夜中の警報

遭遇者：Mさん（IT業）

その日、とあるオフィス街のビル一階のオープンスペースで取材をさせてもらっていた。

正面に座っているMさんは、首都圏でIT関係の仕事に就いている三十代の男性だ。

「IT関係っていってもすごく細分化されているんです」

彼は、上流工程のSEをやっているそうだが、そういわれたところでさっぱり理解できない。どう聞いていいものやらと、不思議そうな顔つきで彼を見ていると、それに気がついたのか、彼はこう説明してくれた。

「中学校とか思い出して欲しいんですが、〝先生〟は〝国語教師〟とか〝数学教師〟とかに分かれていたと思うんですよ。それが、『IT』にもいえるってだけで」

なるほど。ITというのは大きな括りで、その中にもいろいろと種別があるということか。

「例えば、僕のようなSEの他に、CE（カスタマーエンジニア）、FE（フィールドエンジニア）、NE（ネットワークエンジニア）、PG（プログラマー）といった職種があります。CEっていうのは、データセンターに常駐して故障機器の交換をやったりします。対して、FEは機器の交換をするのは同じですが、お客さん先に出向く人のことを指します。ちょっとした違いなので、同一視する場合もあります」

また新しい単語だ……。私がよほど渋い表情をしていたらしく、Mさんは笑いだした。

「あっはっは！　いや、申し訳ない。IT関係ではよくあることなんです。単語の意味を調べようとすると説明文の中に知らない単語があって、それを調べるとまた……ということが」

お手柔らかにお願いします、とお願いをすると、Mさんは真面目な顔にすっと戻った。

「これは今から十年前。僕が、まだCEでデータセンターにいるときの話です」

Mさんは、当時、T県のデータセンターに勤めていた。

「データセンターっていうのは、サーバーのための施設です。人が二十四時間常駐していて、サーバーに問題が発生すればすぐに対応する。その対応をするのがCEですね。で、常に人がいるにも関わらず、人が過ごせるような環境じゃないんです」

彼は苦虫を噛み潰したような顔で話を続ける。

「サーバーは、すごく高スペックなパソコンと思ってください。それが安定稼動するために気温、湿度、電圧が厳密に管理されているんです。二十二度設定のエアコン、二十％設定の湿度計、そして自前の発電機……。ね？」

にやっと笑って、当時を思い出すかのように目を閉じる。

「あの日も、今日みたいな秋口でした」


面倒を見るサーバーたちは、データーセンターの地下一階にあるサーバールームに設置してあった。

通常は、CEルームと呼ばれる一階の事務室に詰めているのだが、異常を検知する警報が鳴ると、そのサーバールームにMさんが駆けつけるという感じだった。

事務室には、Mさんと三名の同僚たちが居て、雑談をしていた。

そのとき、けたたましく警報が鳴った。

「あー、面倒だけどちょっと見てくるわ」

真夜中の三時である。だるそうにしてMさんは同僚二名と計三人で地下一階のサーバールームへと降りていった。

彼ら以外に人はいない、ビルの中。カツンカツンという自分たちの靴音だけが響いている。

エレベーターに乗って、地下で降りると、省電力で全体的に薄暗い廊下が続く。

目的の部屋の前まで行くと、タッチパネルと指紋認証用のパネルが壁に設置してあった。

先頭のMさんが、タッチパネルに自分用の解錠ナンバーを打ち込む。パネルにOKの文字が出たことを確認して、今度は親指をパネルにつける。パネルの横にあるランプが赤から緑に変わって一枚目の扉が開く。

中に入ると、扉が閉まった。しばらくすると、扉が開いて同僚がひとり入ってきた。セキュリティーの関係から、この扉はひとりずつしか入ることができない。扉が開いている間は、外のパネルは操作できないようになっているのだ。

一枚目の扉の中に三人が入ると、次は二枚目の扉だ。

今度は、首からぶら下げている非接触カードを、先ほどと同じようなパネルにかざす。すると、社員番号の入力が求められるので四桁の数字を入力する。

扉が開いて、やっとサーバールームに入れるという仕組みだ。

扉の内側に三人が揃ったところで、問題のサーバーに向かって歩いていった。

「サーバールームは、ちょっとした学校の体育館くらいの広さがあるんです。そこに、様々な企業のサーバーを置いて管理しています。その管理費が収益になるんです」

サーバーラックの目の前まできて、操作用のコンソールを引き出す。

モニターとキーボードが一体型になっているものだ。

これを三人がトリプルチェックしながら、コマンドを打っていくのだ。

「余談ですがね、このトリプルチェックって危険なんですよ。『他の二人がチェックしてくれているだろう』と思って、残りの一人はまともにチェックしてないんです。だから、いつ二次災害が起きてもおかしくない」

だから、チェックを入念に行っていた。

「と、そのとき突然、サーバールーム内に、ジリリリリ！　と警報が鳴ったんです」

警報がなることは滅多にない。三人は思わず、お互いの顔を見合わせ、次にきょろきょろと何の意味もないのに天井を仰ぎ見た。

いったい何が起きたのか。確認を取るために、壁に備えつけてある内線電話で事務室に連絡を取った。

「もしもし？　お疲れ様です、Mです。今、警報が鳴ってると思うんだけど、そっちで何かわかる？」

事務室では、サーバールーム内の異常をすべて検知できるようになっている。

「いや、何も検知してないけど、その音ってスピードセンサーじゃない？　俺はテストで一度しか聞いたことがないから、たぶん、なんだけど」

事務所に残っていた同僚がそう言った。


スピードセンサー。

サーバールーム内で、破壊活動が行われそうになったときに反応するセンサーだ。要は、バットのような凶器を振り回して機器を壊そうとすると、その凶器の速度に反応して警報が鳴るという仕組みだ。

同僚は、Mさんの背後から聞こえてくる警報音の種類で、それがスピードセンサーの警報であることに気づき、何か高速で動くものがあるのではないかという。

あたりを見回す三人だが、何も見つからない。

そもそも、この部屋には自分たちしかいないのだ。

あとから入ってくる者がいれば、当然気がつくし、挨拶の一言もかけるというものだ。

鳴り止まない警報に三人はパニックに陥った。

——と、
電話の向こうで、同僚が何かを言っている。

受話器に耳をつけると、

「お前たちのいる区画のとなり、気温が上昇してるぞ。何か変なことしたのか？」

そんなわけはない。第一、どうやって気温を上げるというのだ。さらに……。

「いや、気温より湿度が問題だな。湿度百％ってありえないんだが……」

何度もあたりを見渡すが、思い当たるようなものは何もない。

だが、たしかにいつもよりも部屋が暑く感じる。握った受話器も、なんだかじめっとしている気がしてきた。

三人は、混乱と恐怖でわけがわからなくなった。

とにかく、この部屋を出ようとして、扉の前に詰め寄った。

出るときも、入るときと同じ手順を踏まないといけないのはよく知っていた。だが、パニックになっているため、我先にとパネルに親指をぎゅうぎゅう押しつけたため、当然、扉が開くわけもない。

「え？　あれ？　なんで開かないの？」

「どけ！　俺がやる！　あ、開かない……」

「違う！　親指じゃなくてカードだろ、カード！」

「いや、指紋より解錠キーが先だろ」

「あぁ、そうだった」

「待て、いま指摘したやつ、誰だ？」

Mさんの言葉に、全員が固まった。


『いや、指紋より解錠キーが先だろ』


これは誰の声だったのか？

滝のようにどっと冷や汗が出てくる。

二人の同僚は怯えた様子でこちらを見ている。

「僕が最後に出るから、二人は先に出てくれ」

ひとりずつしか入れない扉である。逆にひとりずつしか出られないのだ。

この怪現象の中、一瞬の間であるがひとり取り残される。

それを進んでMさんは引き受けた。

「まぁ、同僚といっても僕の方が先輩でしたから」

ひとり、またひとりとサーバールームを出ていった。

思い込みだとわかっていても、どこかで視線を感じてしまう。早く自分の番にならないかとそわそわしていると、受話器から声が聞こえてきた。

まだ切っていなかったと思い、受話器からの声に耳をすますと、

「今日、俺の命日なんだ。お前もこいよ」

と、さっき指摘してきた声と同じ声でそういわれた。

そこで、Mさんの意識が途切れた……。


次に記憶があるのは、事務室のソファに寝かされているところからだった。

「いつまで経っても出てこない僕を心配して、二人の同僚が助けに戻ってくれたということを聞かされました」

当時を鮮明に思い出したのか、涙目になっている。

「あとになってわかったんですけど、あのデーターセンターの建設中にひとり、亡くなっていたそうなんです。地下一階、地上三階建ての巨大なビルで、どの部屋にも窓がないんです。だって、サーバーのための建物だから。そんな中で自縛霊になっているんだとしたら、命日くらいいたずらしたくなるのかもしれませんね」

Mさんは、泣き笑いのような表情で天井を見上げた。

【第九話　鮨屋の怪異】

魚《ぎょ》怪《かい》

遭遇者：勝敏さん、英二さん（鮨職人）

幽霊の正体見たり枯れ尾花——。

取材をして裏取りをしていると、よくこういった状況に出くわす。

例えば、あの空き家の裏庭の木には夜な夜な首つりをしている霊が出る、という話を以前伺ったことがある。東京から車でかなり長い距離を走りわざわざ行ってみると、何のことはない、木の枝が途中で折れてちょうど人がぶら下がっているように見えるだけ、という漫画のような落ちもあった。念のため、ご近所にも聞き込みをしたがその物件は過去、首つり自殺者なども出ていなかった。

心霊写真、宅地開発による地蔵の撤去による異変、昔、録音したテープに女性の悲鳴がいつの間にか入っていたなど、私の元にお寄せいただいた体験談の中でも調べてみると、怪奇現象ではなかったという事案が多い。

今回、知人からの紹介で都内にある鮨屋を取材させてもらった。

美味しい鮨をつまみながら話を伺っているうちに、これはまた徒労に終わるパターンかなと嫌な予感もよぎったが、あれよあれよという間にもう一人の鮨職人の方を取材する展開になった。

まるっきり正反対だったお二人の口調も愉快であり、読者諸兄姉にも楽しんで頂きたいため、この項はそれぞれの口語体で紹介したいと思う。


ある鮨屋の大将・勝敏さんから伺った話。


小鰭《こはだ》にきかせた柚子の香りがいいって？

馬鹿野郎、鮨屋に来て味を誉めなくてどうすんだ！

小鰭てえのはな、鮨屋にとって「小鰭に始まり、小鰭に終わる」ってくれえ大事なネタなんだ。

こちとら十六から修業して四十年以上握ってんだ。だから酢〆具合も最高だろう。そんじょそこらの〝なまくら〟と一緒にされちゃあ、堪らねえ。〆の仕事で小鰭の旨味をギュッと出す。これが一流の職人技ってもんよ。

最近の若い奴はなっちゃいねえーんだ。寿司学校かなんか知らねえが、たったの三か月でいっぱしの職人面しやがる。

「飯炊《しゃりた》き三年、合わせ五年、握り一生」って聞いたことあんだろ。

掃除皿洗いから始まって、魚の目利き、仕込み、客あしらいを学ぶ。それこそ早朝から深夜まで、動きっぱなしの苦労の連続よ。昔はそうやって一人前になったもんなんだ。

それを三か月かそこらで、ものにできるわけねえーだろって話よ。


お、話題がそれたな。怖かねえけど、不思議な話ならあるぜ。

ありゃ、まだ英二が店に居たころだったたな。

英二ってのは、うちで修業していた見習いよ。

上等なのどぐろが手に入ったんだ。「お、こりゃ良いや」って腹掻《か》っ捌《さば》いてたら、黒い糸みたいな塊が出てきやがった。

なんだこりゃ、釣り糸かってね。

取り出してよくよく見たらよ、髪の毛でやんの。おでんの具の〃しらたき小結〃ってあんだろ。あんな感じで長い髪の毛をぐるぐる巻いて、真ん中で結んであったんだ。

もう気持ち悪いのなんのって、すぐに捨てちまったよ。

海で亡くなった仏さん、サメなら喰っちまって、遺体の一部が腹で見つかるってえのは耳にしたことあるけどよ、のどぐろから髪の毛ってえのは聞いたことがねえ。

のどぐろつう魚はよ、海の深いとこで泳いでんだ。土左衛門は一回海の底に沈んでから浮いてくるから、餌と一緒に飲み込んだ可能性はなくはねえーよな。

でもよ、〝しらたき小結〟だぜ。考えられねえーだろ。仏さんの髪がそんなになっちまうなんてよ。

髪の束、真ん中きっちり結んであったなんて、お釈迦様でもへそで茶沸かすってもんよ。

それからしばらく経って……初鰹《はつがつお》の季節だから六月だったな。

そう、今度は鰹から〈目玉〉が出てきやがった。魚の目玉じゃねえよ、人間のだ。それも腹からじゃねえーんだよ。

まな板にのせて「さぁ、これから捌くぞ」ってときにな、いきなり鰹が大口を開いて「ケコッ」って白い玉を吐き出しやがった。

その目玉、白い眼球の部分は血管が浮きでてて血走ってた。

黒目の部分は濁って、今にも【でろん】と、溶け出してきそうな勢いだったな。

いやー、飛び上がるほど驚くっつーのはこのことよ。思わず「オイ、英二！」って叫んじまった。

でもよう、奴が振り向いた瞬間、サラサラサラッて崩れちまったんだ。で、あとに残ったのは塩の山よ。

ぶよぶよした目玉が、何で塩になっちまったのかはわからねえ。

とにかく気味が悪いってんで鰹は廃棄、すぐにまな板も消毒したよ。


不思議なことがあるもんだなって首かしげてたら、まだ続きがあったんだよ。

お次はトリ貝。鰹の件から数日後のことだ。

殻をむいてたら〝ハナ〟が出てきやがった。〝ハナ〟って綺麗に咲く花じゃねえーぞ。

そう、人間の〈鼻〉よ。

貝の身の代わりに、〈鼻〉がでーんと鎮座してやがった。

俺、とうとう頭がおかしくなっちまったかって、笑けてきてよう。その鼻を殻から剥がして、英二に見せてやったんだ。

そしたら奴《やっこ》さん、「少し白いですけど、普通のトリ貝じゃないすか」って、目を逸らしながら抜かしやがった。

まあ、あいつも気味が悪かったんだろうな。「気になるなら、また廃棄しましょう」ときやがった。

無論、あいつに言われるまでもねえ、すぐに捨てたさ。

得体の知れねえもんを、客に出すわけにはいかねえからな。


そして大取《おおとり》が穴子ときたもんだ。

ありゃ、トリ貝の鼻から数か月経ってたから、不意打ち喰らったみてえーだったな。

知ってるか、穴子は腹じゃねえ、背を開いていくんだ。胸びれに包丁を入れて、背から中骨にそって、スッと刃を滑らせる。

おっと、いけねえ、また話が逸れるとこだった。とにかくだ、背を開いたら内臓に何かゴリゴリしたもんが入って膨らんでたんだ。気になるから開いてみたらよう、〈歯〉が沢山入ってたんだよ。

摘まんでみたら正真正銘、〈人間の歯〉。それも全部大人の歯だ。

嘘だと思うんなら、英二に聞いてみな。

あんときばかりは、英二も人間の歯だって認めてたんだ。

その証拠に、あいつそれからすぐに店を辞めちまったんだよ。

怖がらせちまったのは悪かったと思ってる。だから修業も途中だったけど、気持ちよく送り出してやったんだ。

今は○※□って店で働いてるぜ。

俺の名前を出せば、全部話してくれるさ。そりゃ間違いねえから、行ってみな。

○※□店に勤める鮨職人、英二さんから伺った話。

ああ、あの大将ねえ。まあ、何というか時代遅れの人なんですよ。

寿司職人の養成学校の文句とか話してたでしょ？　大将の言い分もわかりますけどね。その養成学校が経営する店、ミシュランで星取ってますから。それも連続で。

ええ、生徒と卒業生だけで運営してる、あの有名な店ですよ。

合理的に集中して教えていけば、長い修業期間なんて無意味だって証明したと思いますよ。

大将のいう忍耐とか辛抱って、ただの根性論じゃないですか。

三か月で卒業したって根性がつかないわけじゃないですし、客に出せるだけの技術を身に着けたら握ってもいいと思うんですよね。それからもっと努力して、一流の店にしていけばいいんです。長年修業して店開いても、名ばかりの鮨屋なんて数え切れないほどありますから。

自分の時代にも、あんないい養成学校があったら、弟子入りしないで通ってましたよ。

ここだけの話にしてくださいよ。正直、苦手だったんですよね、あの大将の根性論。すぐ俺の修業時代はもっと苦労したって、長々と話し出すし……。

あ、大将が話してた不思議な話ですよね。

あれね、かなり話を盛ってると思いますよ。

髪の毛は釣り糸が絡まったもの、目玉はただの塩ですよ。いや、この二つはハッキリ見たわけじゃありませんけど、人の髪の毛の束が出たり死んだ鰹が口開くことなんてありえないでしょ？

ましてや人間の目玉を吐き出すなんて……。

しかも自分が振り向いたら、塩の山になったとか興奮して説明しだしてね。

大将、もういい歳ですからねえ。いや、認知症とまではいいませんよ。でも周りはとうとう呆けたか、なんて声も上がってましたからね。ま、老眼が進んで見間違えたんでしょう。トリ貝から出た鼻だって無理ありますよ。

確かに鼻っぽく見えないこともなかったですけど、たまたま変な貝に当たっただけですよ。

で、次が穴子から歯でしたよね？

あれもプラスチックの欠片です。確かに〈人の歯〉に似てましたけど。

餌と一緒に、飲み込んじゃったんじゃないですかね。

ええ、この二つは見ましたよ。フフ、あのときはもう笑いを堪えるので必死でした。

否定するのも面倒だから「本当だ、人間の歯ですね！」、なんて話を合わせたりしてね。

違うって指摘すると、「よく見ろ、ちゃんと見ろ」ってしつこいんですよ、あの人。


ああ、ただの愚痴になっちゃいましたね、すみません。

自分も怖い体験をしたことがありますから、そういう奇妙な現象を全く信じないってわけじゃないんですけどね。でも、違うものは違いますから。

とにかく、大将の話は信じない方がいいですよ。嘘ついてるわけじゃないと思いますけど、単なる見間違えをそうだと信じちゃったんでしょう。もともと思い込みの激しい人でしたから。


それにこう言うのもあれなんですけど、大将には迷惑してるんです。あの人、自分が店辞めた理由が、鼻とか歯を見て怖くなったからだって吹聴してるし。

あのときは、簡単に辞められる理由が見つかってラッキー、なんて思いましたけどね。今から考えてみると他の理由にすればよかったたって、後悔してますよ。

え、お店を辞めた理由ですか？　そりゃ、大将の下で働くのが嫌になったたってのもありますけど……うーん、まだ誰にも言ってないけど、怪談を取材してる人なら話してもいいかな……。

さっき自分も怖い思いをしたことがあるって、話したでしょ？

いや、大した話じゃないんですけど、大将の店で見ちゃったんですよね……幽霊というか、化け物っていったほうがいいのかな。

日にちも覚えてますよ。

例の穴子から歯が出たって、大将が騒いだ日の翌日でしたから。

あれは夜、店仕舞いをしてるときでした。

店内を掃除してたバイトの子が先に帰って、自分も調理場の片づけが終わったので入口閉めて帰ろうとしたんです。でも、いつも置いてある場所に鍵がなかった。

あれ、おかしいなってあちこち探して、その日はいつもより遅くなったんですよ。

やっと見つかって、さあ鍵閉めて帰ろうなんて思ってたら、勝手口の方から音がしたんです。

最初はバイトの子が忘れ物でもしたのかなって思ってたんですけど、いくら待っても入ってこない。で、気になって耳を澄ましていると、何やらガサゴソと音がするんですよね。

残り物を狙ってるホームレスか、誰か悪戯してるのかって焦りましてね。どっちにしても体格のいい男だったら嫌じゃないですか。

だから扉をソッと開けて、覗いてみたんですよ。

そしたらゴミ箱を漁ってる、男の姿が見えたんです。

坊主頭だったんですけど小柄でね。これなら大丈夫かなって、よせばいいのについ「おい！」って声をかけちゃって。

ゆっくり顔を上げたそいつ、〈目も鼻もなくて口だけ〉だったんです。

ゆで卵みたいな、つるんとした肌でした。

そしてこちらを見た途端、にちゃにちゃって、いやらしく嘲笑ってるかのように口を開けたんです。

いやもう、腰抜かすぐらい驚きましたよ。人って本当に驚いたとき、声が出ないもんなんだなあって実感しました。

あれ、お化けじゃなくて〈のっぺら坊〉っていう妖怪ですかね？

そもそも〈のっぺら坊〉に、口ってありましたっけ？

え、その〈のっぺら坊〉みたいな化け物に歯はあったかって？　……そう言われてみればなかったですね……は……そいつが大将がいってた〈髪の毛と目と鼻と歯〉の持ち主かもしれない……ですか……。

いやいやいや、それはないでしょ。それってお客さんがそう思っただけでしょ。

そいつが自分の〈歯〉を、探してたかもしれないなんて。

確かに、穴子の腹から〈歯〉が出てきた次の日でしたけど……まさかね……。

うーん……その考えはなかったなあ……。

英二さんはそう話すと、青白い顔で押し黙ってしまった。

余計な事を口に出してしまったかもしれない。

【第十話　墓参り代行業の怪異】

墓参りの文句

遭遇者：Aさん（大学生）

友人の息子さんが、去年の夏、怖い目に遭ったという話を聞いて、大学の学食で取材をさせてもらうことになった。これは、Aさんという大学生の話。

友人によると彼は、『お墓参り代行』という風変わりなアルバイトをしているそうだ。

「お父さんから聞いたんだけど、もう少し詳しく教えてくれない？　その、仕事内容とか、いろいろ」

「そうですね」

友人に言われて待ち合わせ場所である学食にやってきたのは、いかにも今風という服装の、スポーツマンタイプの若者だった。Aと名乗る彼は、視線を一瞬、斜め右上にやってからこちらに向き直ると話し始めてくれた。

「要は、代行業です。運転の代行とかあるじゃないですか。あれの墓参り版ですね」

「つまり、何らかの理由でお寺に行けない人の代わり？」

「えぇ、お盆の時期に忙しい人、高齢や怪我で移動が困難な人なんかが代表的な依頼人です。お墓掃除をプレゼントとして依頼される人もいますね」

ちょっと驚いた。墓参りが贈り物として扱われているというのだ。

「で、現地に行って、墓周辺の雑草を刈ったり、墓石の洗浄をしたりするんです。その前に住職に挨拶したり、始めと終わりにお墓をタブレットで撮影して証拠をお客さんに送るまでが仕事ですね」

ちょっと前は写真付きの報告書を作っていたんですけど便利になりましたね、と鞄からタブレットを取り出して、今までの写真を見せてくれた。まわりが雑草で荒れて薄汚れた墓石が中央に映っているが、次の写真では見事なまでに掃除され輝いている。

「『代行業』の中でもちょっと怪談寄りだとは思いませんか？」

したり顔で同意を求められた。

他の代行業に明るくないので、なんとも言えない表情でごまかしたが、彼は気にせず話を進める。

「けっこうな数をこなしてるんですけど、年に一回くらいかな。お礼にくる人がいるんです」

「『年に』って、何回くらい行くの?」

「一日に五件とか廻る日もあって三百件くらいですかね」

「うん? 待って、さっき『お礼にくる人』って言った?」

急に違和感を覚えて、会話を止める。

「直接、依頼者がお礼を言いにくるの? 忙しくて代行頼むような人が?」

「いえ違うんですよ。それは……」


Aさんは、夕方から一件だけ墓参り代行の仕事をこなして、自宅に戻ってきていた。

戸建ての住宅で、両親と同居している。二階には彼の部屋があった。

午前一時を過ぎて、そろそろ寝ようかという頃。

コンコン……。

部屋のドアがノックされた。

「なぁに?」

ドアに向かって返事をするが、返答はない。

こんな時間に両親がくるわけがないし、いったい誰だろうとドアを開けてみると、そこには白く半透明な老婆が立っていた。

吃驚して息を呑み、ことの成り行きを見守っていると、老婆が深々とお辞儀をして、すうっと消えていったのだという。

「直感で、あぁこの人は今日、代行で掃除したあの墓に眠っている人だと思いました」

他にも姿を見せず、ただ耳元で「ありがとう」と言われたり、寝ているときに頭を撫でられたりすることもあったそうだ。

「だから、お礼を言いにくるっていうのは、代行で行ったお墓の住人ってことですね」

やはりしたり顔で言い切られてしまった。

「でも、そういうのばかりじゃないんです」

一年前の真夏だった。その日はいわゆる猛暑日というやつで、三十五度を軽く超えていた。

Aさんは、拭っても拭っても肌に浮いてくる汗に嫌気がさしていた。

「墓地って、あんまり日陰がないんで、夏は大変なんですよ。それなのに、繁忙期で一番仕事が多くなるのが不満で」

予想通り、お盆が一番忙しい。だからといって、ひとつひとつの仕事に手を抜くわけにはいかない。

汗だるまのようになりながら、その日最初で最後の代行をしていた。

代行は基本的に一人で行う。例外的に二人で行うこともあるそうだが、それは掃除する範囲が広かったり、車で行くには遠い場所で交代で運転する必要があるときだ。

「で、サポートが一人いたんです。お客さんから、たぶん汚れがひどいだろうし、刈る草も大量だって聞いてましたから。しかも遠方で」

Aさんが、お寺の住職に挨拶に行く。『檀家の者ではないが、これからどこそこのお墓の掃除をします。代行の者なので怪しまないでください』という主旨だ。

平行して、サポートの者がお墓をタブレットで撮影をして、作業前の状態を記録する。

Aさんが挨拶から戻ってくると、代行の作業が始まる。墓の周辺の雑草を取り除き、ゴミを拾い、墓石を洗浄する。

線香を手向け、花を供えて、手を合わせる。場合によっては、住職にお経を上げてもらうこともあるそうだが、このときはしなかったという。

最後に、もう一度タブレットで撮影して、作業前後の状態をお客と上司に報告する。『ここまで綺麗にしました』ということだ。

帰るときに、もう一度住職に挨拶をする。

車に乗って、事務所へ戻ると、あとはそれぞれ自宅に帰って行った。

――夜。

「何時からかはっきりしないんですけど、いつの間にか寝ちゃったんです」

Aさんは、自室で眠っていた。昼間の酷暑での作業がよほど堪えたようだ。

「なんで起きたかは今でもわからないんですが、二時くらいに目が覚めました」

ふと目を開くと、部屋が真っ暗になっている。寝る前はたしか、灯りを点けたままだったはず。なんだろう？　と寝ぼけた頭でぼんやり考えていた。

――と。

突然、身体の中からぴしっと音が聞こえたかと思うと、一気に金縛りになった。

驚いたAさんは、パニックになりながらも、ただひとつ動く両の目玉を忙しなく動かして、部屋を見廻した。

「いや、焦りましたね。指の先までピクリともしないんですから」

次の瞬間。

Aさんの目の先、暗闇からぬっと両腕が伸びてきた。

「今にして思えば、暗い部屋で腕が見えたっていうのも変な話ですが」

見る間に片方の腕が、Aさんの肩を押さえつけ、もう片方の腕の親指がのど仏のすぐ下あたりを指してくる。

「両方の鎖骨の間が窪んでるでしょ？　自分でやってみてもらうとわかるんですが、そこを指で刺すと本当に苦しくて痛いんです」

口が自然と開き、舌がぐぐっと外にせり出してくる。

Aさんはここで初めて死ぬんじゃないかと思ったそうだ。

「文字通り、死に物狂いで金縛りをどうにかしようとするんですけど、無駄でした」

あぁこのまま死ぬんだ、と思ったときだった。


「ふざけるなよ」


耳元で言われて、金縛りが解けた。

がばっと起きて、部屋の灯りを点けると、自分以外は誰もいなかった。


翌日。

バイト先の事務所に出勤したAさんは、昨日撮影した二枚の写真を見ていた。

「これまでも、その日のうちにお礼を言いにきてたんで、苦情も当日の案件だったのかなって」

　すると、二枚目の写真のある部分に目が留まった。

　代行した墓参りに不備があったとは思いにくい。

　お客からクレームが来ているわけでも、上司から何か言われたわけでもなかった。

　だとすると、別のところ。

　写真に写っているのは、自分たちが掃除した墓の敷地からはみ出るように置かれた桶と柄杓だった。

　おそらく、清掃の過程で無意識に置いてしまったのだろう。

　柄杓が入った桶が、隣の墓の敷地にある小さな彼岸花を一本つぶしてしまっている。

「代行もサービス業ですから。でも、こんな形でのクレームはやめて欲しいです」

　Aさんは、苦笑してそう話してくれた。

【第十一話　シューフィッターの怪異】

巻き爪

遭遇者：山川さん（靴販売員）

デパートの靴売り場に勤務している山川さんは、シューフィッターとして働いている。

シューフィッターとは、足に関する基礎知識と靴合わせの技能を習得し、一人一人のお客様の足にあう靴を選んで提案する、いわば靴の専門家である。

直立二足歩行が可能な動物は人間だけといわれている。歩いているときや立っているときは足に全体重をのせているため、足のトラブル（骨・皮膚・爪）に見舞われやすい。外反母趾や魚の目やタコ、巻き爪などが代表的な足の疾病にあげられるだろう。これらの症状を放っておくと身体にゆがみが生じ、肩こり、片頭痛、腰痛などの症状を引き起こしかねない。

足はいわば身体の土台。その土台を保護する靴も自分の足に合わなければ、前述したような疾病を引き起こす場合があるのだ。

シューフィッターはフィッティングする際、専門の計測用具を用いて足と靴の微妙なサイズのずれを、靴内を調整することで直し、購入した靴のアフターケアにも応じる。

ただ靴を販売するだけではなく足の健康という観点から、お客様の靴選びをサポートする職業なのである。

シューフィッターになるには「足と靴と健康協議会（ＦＨＡ）」で研修を受け、資格を取る必要がある。またプライマリー（初級）、バチェラー（上級）、マスター（修士）と三つのグレードがあり、グレードにより実務経験も必要となってくるそうだ。

「お店の名前や場所、あと僕のグレードのことなども書かないで下さい」

山川さんは私にそう告げると、ぽつりぽつりと詳細を語ってくれた。

山川さんは三年前、現在のデパートに転職してきた。

以前は靴の専門店で働いていた。小さな店であったが、その分、一人の客に時間をかけられた。的確な靴を提案することができ感謝されることが多く、山川さんを指名する顧客も増えていったという。

シューフィッターとして、大いにやりがいを実感できる職場であったのだ。

さらに、山川さんの丁寧な仕事ぶりを評価していたオーナーからは、のれん分けの話まででていた。彼が店を辞めると聞いた周囲は、非常に驚いていたという。

「理由も聞かれました。でも僕は誰にも話したことがないんです」

貴女に話しても信じてもらえないかもしれない。

見てはいけないものを見てしまったんです。

この世のものとは思えないものというか……。


暮秋の色が深まる頃。その日のシフトは遅番であった。

もう店を閉めようと売上金を確認していたところ、一人の男性客が来店した。

営業時間はとうに過ぎている。前の客の対応に追われ、【閉店】の看板を出し忘れていたのだ。「しまった」と思った。理由はわからないが、オーナーから夜の九時を過ぎたら絶対に客は入れないようにと、何度も言い含められていたからだ。

その客に、もう閉店です、と声をかけようとしたが、見ると左足を引きずって歩いている。

そしてこの寒さのなか、足の指が出るサンダルを履き、親指には包帯を巻いていた。

「おで、おで、おれえ、あしが……いだくでえ」

呼吸が荒く、蚊の鳴くような声で男性客が話し始めた。

体調が悪いため店に助けを求め入ってきたのかと思い、急いで救急車を呼ぼうとしたが男性に手で制止された。

耳をこらしてよくよく聞いてみると、巻き爪が重症化し酷く痛むらしい。

話すのも辛そうだったので椅子を用意し、山川さんは質問をしながら聞いてみた。

「質問というか、今から考えると誘導してたのかもしれません。息も絶え絶えといった感じだったので、僕が質問したことにＹＥＳなら頷いてもらい、ＮＯなら首を横に振ってもらったんです」

ようやくわかったことは、去年の夏に発症したこと。専門医にも診てもらっているが、矯正器具をつけてもすぐに外れてしまう。靴にも問題があるかもしれないから、シューフィッターのいる専門店で相談する方がいいと、医者から勧められてきたということであった。

オーナーからは散々言われていたが、困っているお客様を帰すわけにはいかない。少しでも助けになればと、男性の爪の状態をみせてもらった。

「ふぁっ」

驚きのあまり妙な声を出してしまった。

通常、巻き爪というのは爪の両端の先端部分が、内側に食い込む症状である。

この男性の状態はどうみても、逆。伸びすぎた爪の両端部の外側が反り返り、ぐるぐると渦を巻いていた。

こんな状態の巻き爪は見たことがない。

というか医者にもかかっていないのではないか。

巻き爪は肉に爪が食い込むから痛いのだ。外側に巻かれている場合、痛みはないはずであった。もしかすると靴を履くときに圧迫され、痛みが生じるのかもしれない。その証拠に親指全体がぶよんと腫れ、靴でこすれたと思われる箇所は酷く化膿していた。

山川さんはそれとなく聞いてみたが、男性は首をふらずに空を見つめている。

とにかく要領を得なくても、異常な状態には変わりない。もしかすると、自分の知らない他の疾病の可能性もある。

シューフィッターは医療行為ができない。しかもこの状態では、既製品の靴はまず履けないだろう。

その旨を伝えた山川さんは知り合いの整形外科を紹介しようとしたが、男性はその必要がないと言わんばかりにかぶりを振り、包帯も巻かずにサンダルを履き、帰ってしまったという。

翌日、出勤した山川さんはこの話を誰にもしなかった。くだんの男性客のことは心配であったが、夜の九時以降に客を入れたことがオーナーの耳に入ることを恐れたのだ。

半月が過ぎた頃。山川さんはその日も遅番でお店に入っていた。

閉店の時間になり、売上金をポーチに入れてシャッターを下ろす。

と、鼻をつまむほどの腐敗臭が漂ってきた。

それと同時に、ぐちゃっ、と山川さんの背後で音がした。

振り向いてはいけないと、本能が告げている。

ただ、どうしても身体がいうことをきかない。

顔が徐々に後ろを向く。次に肩、腰と続いていく。

途中、目の隅であの男性をとらえていた。男性は山川さんのすぐ後ろにある椅子に座りこちらを向いていたが、彼は見てはいけないと視線を落とした。

「なぁ、あんちゃん」

「はいっ」

上ずった声で反射的に返事をしてしまった。

「足が治らねぇんだよ。痛くてよう」

ぐちゃっ、と男性が左足を一歩前に出してきた。下を向いたままだったので、嫌でも目に入る。

真っ黒に変色していた足の甲にはフジツボのような物体がびっしりとはえ、足の爪と思われる部分は全て、牡蠣殻が乗っているようなでこぼこした状態に変わっていた。

表面はザラザラ乾いているように見える。それなのに男の足元はバケツの水をひっくり返したように濡れている。

叫びだそうとした瞬間、男は〈パチンッ〉とシャボン玉がはじけるように消えてしまった。

泣き叫びながら店を出たところまでは覚えている。

「こんな理由で店をやめるなんて言えないでしょう。お化けを見て、大泣きして店を飛び出したなんて」

次の日、山川さんは電話一本で店を辞めてしまった。

その際、オーナーからは夜の九時以降に客を入れたかどうか質問されたが、はぐらかして答えなかった。

「いや、何もないならそれでいいんだ。いや、実はね、近くに○※□の漁港があるだろう。たまに仏さんが流れてくるらしくてね。どういうわけか知らないけど、この商店街の店に入ってくることがあるんだよ」

見つかった姿のまま、現れるらしくてね。

山川さんは店に作業道具や私物を残したままであったが、それすらも取りに行かなかったそうだ。

【第十二話　鑑識官の怪異】

報復の痕跡

遭遇者：Nさん（元警察官）

祖父の紹介で取材をさせていただいたNさんは、あと数年で百歳になるという。

現在お住まいの千葉県では、高齢者のボーリングが盛んだそうで、祖父ともそこで知り合ったということだ。

取材は、千葉県南房総市のNさんのご自宅でさせていただいた。向日葵が顔を連ねる広い庭に面した縁側にて、羊羹と麦茶を挟んだ対談となった。

「爺の戯言だと思って聞いてもらえると、こちらも気が楽だよ」

陽炎でお互いの顔が歪んで見えてしまうのではないかと思えるほどの陽気の中、にっこりと笑うNさんはこう切り出した。

「あんた、『犯行現場写真分析』って知ってるかい？」

Nさんは、四十年近く前にK県で地方警察職員として働いていた。

昭和五十八年に勧奨退職制度（今で言う定年退職）により引退するまで鑑識官として現場に出ていたそうだ。

「犯行現場写真分析……」

聞いたことがなかったので、つい鸚鵡返しに返事をしてしまう。

「あぁ、『写真係』とも言うんだけど、現場の写真を記録として撮影するんだ。現場には様々な人たちが出入りするから、初期状態を保全しないといけない。目的はそこだね」

「あの、ひとつの現場でどれくらい撮影するんですか？」

「今はデジタルカメラで一度に何万枚も撮れるんだろ？　あの頃はフィルムの時代だったから一度に撮れても三十六枚が限界だったんだよ。それでフィルムを入れ替えて、何千枚と撮るんだ。裁判に証拠として提出される写真だからね。いかに『ありのままの現場を裁判官に伝えるか』が一番大事だったんだよ」

Nさんの言う数字に仰天した。撮るだけでもたいへんだが、そのあとの、整理や保管といった工程にどれだけ時間がかかっただろうか。

「で、肝心のあんたが知りたいことな。ちょうど四十歳だから半世紀も前のことだよ」

Nさんが声のトーンを落として話し始めた。

「まぁ、ある現場でな。奇妙な写真が撮れたんだ。署の暗室で気がついたんだけど、搬送されたはずの被害者が写っていたんだ」

「ってことは、その場にいない人が写ったってことですよね？」

「そう。腰から下だけが半透明で映っている奴がいるんだよ。最初は光の加減で上半身が消えているんだと思ったが、そうじゃあない」

大げさに手を振って否定したかと思うと、Nさんは真剣な表情で続けた。

「履いているズボンでわかった。被害者だって」

「つまり心霊写真？」

「端的にいうと、そうだろうね。あんたが期待している風にいえば、『死んだ被害者』が写っている。でも、まぁ、なんていうか死人が出た現場の写真だ。墓場の写真に何か写るってのと、さして変わらない。だったら、あんたの爺さんにいうほど自慢の写真でもないだろう？」

「えぇ、そうですね」

「違うんだよ、違う。まったく」

「違うって何がですか？」

「その写真が未来予知の写真だとしたら、どうする？」

「未来予知？」

「なんだその、いかにも信じられないって面は。まぁ、聞きなよ」

「わかりました。それで、その予知っていうのは……」

「誰の未来だと思う？」

「誰の？」

「そう。誰かの未来だってことだよ。じゃあ、それって誰なんだろうな」

「いやぁ……」

「笑って誤魔化すんじゃないよ、まったく。どれ、耳ぃ貸しな」

内緒話をするかのような小さい声でNさんは、囁いた。

「加害者だよ。つまり犯人」

「えっ？　それってどういう……？」

「これだけ判断の材料をあげたんだから、ちょっとは自分で考えてみてよ。いや、そこまで唸って考え込むもんじゃあないよ」

「すみません。降参です」

「なんだ、最近の若者は辛抱が足りんなぁ」

冷たい麦茶をごくりとひと口飲むと、Nさんは続けた。

「犯人は実刑判決を受けて檻の中。民事裁判も終わって賠償金が確定する。そのあと、何年かして出てくる。まぁ、十年以上かも知れないが、じき娑婆に出てくる」

「出所するってことですね？」

「そうだ。でも、あんたも含めて塀の中から出たあとなんて、世間様は知らんだろ？ニュースで報道しているところを見たことあるかい？」

「たしかに、刑務所に入ったあとって、どうなっているかなんて報道されませんね」

「出所後ってまともな職に就けないんだよ。そうすると、また犯罪に手を染める。そうならないように、誰かがそいつの面倒を見るんだな。職を紹介したりする」

「……、なるほど」

「その面倒見の良いやつが『第一発見者』になる」

Nさんがにやっと笑って、こちらを指差した。

突然のことに吃驚していると、Nさんが興奮したように大声になった。

「死体になってるんだよ、加害者が。おんなじポーズで死んでるんだよ」

「おんなじって何とですか？」

「被害者だよ。通報を受けて駆けつけるだろ？　で、俺が『写真係』として現場を撮影する。

そうすると、じきにあることに気がつくんだよ。昔撮った、あの被害者とおんなじポーズで死んでるって」

別人のような笑顔だった。

「最初は、偶然だと思ったよ。でも、何度もそんな事件の資料を調べていくと、『あぁ、こいつは犯罪者だったのか』ってわかる。じゃあ、当時の事件ってどんなのだったか？　って昔の写真を引っ張り出すと、必ず同じポーズで死んでいるんだよ」

怪訝な顔でNさんを見ると、彼は満足そうにして

「そう、『被害者が写った』事件の加害者はおんなじポーズで死ぬんだよ。まぁ、あんたも気をつけることだよ。ちょっとしたことなら、そうじゃあないが、殺しに限っては自分に返ってくるもんだ。いや、『本人から返される』というのが正しいか」

そういってNさんは、カカカと呵った。

【第十三話　湯灌師の怪異】

隠れた怨み

遭遇者：Oさん（湯灌師）

二〇一八年の夏。

喫茶店の隅で汗を拭きながら涼をとっていると、入り口の自動ドアが開いて、ひとりの女性が入ってきた。

今回の取材対象である、Oさんである。

彼女は、私のホームページに掲載されているメールアドレスに、『奇妙な体験をしたので聞いて欲しい』と連絡してきたのだ。

お互いの名刺を交換する段になって気がついたのだが、私は彼女を詳しく知らない。

三十代ということ。都内に住んでいるということ。この喫茶店を指定したのは彼女だということ。このくらいがせいぜいだった。

「湯灌師《ゆかんし》……ですか？」

名刺から目線を上げて彼女を見ると、『よくある反応だ』という表情をしている。

浅学な私は、自分が発した短い言葉だけで、彼女の生業を説明してもらおうと思っていた。

彼女にも私の態度が伝わったのか、「まず、そうですね」と切り出して、体験談をあとまわしにして、『湯灌師』とは何かを話し始めてくれた。


「湯灌師は、平たく言うと『遺体を入浴させて洗浄する人のこと』です」

なんとなく理解したとばかりに、頷いてみせる。

それを見た彼女が、それで、と続けた。

「葬儀社から連絡を受けて、遺体のある場所まで行って作業するんです。それが、病院だったり警察だったり。ご自宅、というのもありますが、最近は少ないですね」

「ご遺体を洗う……。失礼な質問になってしまいますが、棺桶に入れられた遺体って顔しか見ることができませんよね？　しかも、時間も空けずに火葬場で遺骨にしてしまいますよね？　洗う意味というのは、どこにあるんでしょうか？」

ずいぶんと失礼な質問をしたものだ。初対面の相手に、『あなたの仕事は無意味ではないのか？』と問うているわけだから。

言われ慣れているのか、彼女の顔はテーブルに着いたときと変わらず、無表情のままだ。

「洗浄は、とても宗教的な側面があるのですが、一方で感染症予防という意味合いもあるんです。そういう意味では、絶対に必要だとは言いません。しなくてもいいことですから。でも、ご依頼はかなりの数になりますよ」

「どのくらいなんですか？」

「だいたい年間で千体……、あ、いえ、千人くらいですかね」

部外者の前で遺体を一瞬でも『物』として扱ってしまったことが気まずかったのか、少しだけ目を伏せるとOさんは黙ってしまった。

慌てて、

「じゃ、じゃあ、そもそもなぜそのようなお仕事に就かれたんですか？」

と、もうひとつの疑問をぶつけてみた。

否定するつもりはないが、遺体を洗うことを生業としようという考えが非常に特殊だと思えたからだ。

「あぁ、そうですね……」

少し驚いたような目でこちらに視線を上げる。なんでそんな当たり前のことを聞くのかといった表情が意外だった。

そして暗かった顔つきが、ぱっと明るくなったかと思うと、

「お葬式って、面白くないですか？」

不意の言葉に一瞬、私の表情は固まってしまった。葬式が面白い？　いったい彼女は何を言っているのか。

そんな私にお構いなく、彼女は楽しそうに話を続ける。

「人間模様っていうんですかね。泣いて遺体にすがる方、遺産相続で怒鳴り声を上げる方、亡くなったのがよっぽど嬉しいのかニヤニヤしている方。そんな人たちを見るのが好きなんです。それで、一番長く遺体の近くにいられる職業を選んだんです」

なるほど。すでに怪異は始まっているのかもしれない。私はそう思いながら取材を始めた。

「たくさんあるんですが、その中であることが、すごく記憶に残っていることがあって」

今から二年前のこと。

朝起きて一番最初にすることは、葬儀社からくる湯灌依頼のメールを確認することだ。

「今日は六件か……」

ワンルームでスマートフォンのメールアプリを見ながら朝食をとる。いつものなんてこと

はない日常だった。

「十時にA区、十三時にB市……」

移動は電車である。というのは、湯灌の道具は葬儀社が車で運んでくれるからだ。湯灌用特殊車両といって、車の中に全身洗い・洗顔・洗髪・顔そりといったことができる台が入っている。仰向けになって洗髪する床屋の椅子が百八十度倒れた形を想像するのが、一番近いだろうか。

路線のルートをスマートフォンのアプリで確認して、出掛ける支度を済ませ、部屋をあとにする。

四件までは、滞りなく終わり、その日、五件目のご遺族を訪問した。

着いたのは、大きな日本家屋だった。

門扉の前に立つと、眼前には武家屋敷と見紛う立派な木造建築が静かに佇んでいる。ぐるりと周囲を見渡すが、田畑が広がるばかりで遮る人工物がない。きっと、この土地の地主なのだろうとOさんは思った。

「ごめんください」

立ち入りの許しを請うために、式台に立って奥へ声をかけてみるが、返答がない。

すでに葬儀社の者たちがいるはずだが、それからの返答もない。

「ごめんください！」

玄関まできて大きな声を出す。ここで仕事のはずだ。誰もいないなんてことはない。聞こえないはずはないのだ。

返事の代わりに、シン……とする薄暗く奥へ延びる廊下に寒気を覚えた。

「ごめ……」

「こちらへどうぞ」

気持ちをごまかそうと再び大声を出しかけたその瞬間。突然、背後から声をかけられて慌てて振り向いた。

見ると、喪服の老婆が腰を折り会釈をした状態で、家の裏庭へと続く道を手のひらで示している。

Oさんには、その仕草がとても上品に思えた。

驚いたと悟られないように努めて小さい声で、「どうも」と応え、続いてお悔やみの言葉で挨拶を終える。

裏庭に回ると、障子戸が開け放たれていて、彼女の住むワンルームの数倍はあろうかという和室に遺体が横たえられていた。

両手を合わせ、しばらく止まる。

目を開けて、遺族に向き直るとお辞儀をするのだが、遺族は道案内をしてくれた老婆しかいない。これだけ大きな屋敷なのに、参列者がいないのは不自然だ。Oさんはそう思いながら、「では」と湯灌の準備を始めた。


湯灌というのは六十分～九十分くらいの作業量だそうだ。

遺体を洗浄し、ドライヤーで乾かして、最後に着付けを行う。死装束というやつだ。

Oさんの仕事が終わりに近づいたときだった。

生前とは逆に、左前で着付けを進めていると、突如、ガシッとOさんの右手首を掴む物……いや、者がいた。それは、今自分が湯灌している遺体だった。

「きゃあ！」

反射的に右腕を引くが、まったく離れる気配がない。とても老人のものとは思えない握力で、Oさんの手首を握ってくる。

「え？　え？　どうして？　は、離して。離してください！」

『死後硬直』という現象は知っている。この職に就くときに何度も聞いた言葉だ。動物の死後、筋肉がこわばっていくことだ。死体がぐえっと鳴いた、笑った、上半身を起こした。すべて、死後硬直が原因だ。しかし……。

どうしたら良いかわからずパニックになっていると、いつの間にか後ろに来ていた老婆が、Oさんを掴んでいる遺体の腕に触れた。

「おとうさんっ！」

先ほどOさんを物静かに裏庭へと案内した老婆とは思えないほどの怒鳴り声だった。

明らかに怒気を孕んだ形相で、目を閉じたままの遺体を睨みつける。

それが効いたのか、Oさんを掴んでいる手から握力がふっとなくなって、彼女は無事解放された。

「すみませんねぇ。まだら認知症を悩んだ末の自殺だったんですがねぇ。やっぱりこの世に未練があるんですかねぇ」

「あ、いえ、別に」

それが限界だった。「お気になさらないで」と言おうとはしたのだが、信じられない出来事に、それ以上の言葉が出てこなかった。

湯灌を終えたOさんは、挨拶もそこそこに屋敷をあとにした。

まだ、一件残っている。

次に向かったのは、一軒家だった。ごく普通の住宅だ。二階建てで、見上げると出窓には人形が飾られている。子供部屋だろうか。

Oさんは、遺族と葬儀担当者に挨拶を済ませると、さっそく仕事に取り掛かった。全身を洗い、洗顔と洗髪をし、剃刀で顔を仕上げる。いつもと変わらない風景だ。

最後、装束を着せようとしたときだ。

着物を取ろうと延ばした腕をがしっと誰かが掴んできた。吃驚して視線をやると、そこには先ほど湯灌したあの老人が、全裸でOさんの右手首に掴まり、引き摺られるように横たわっている。

中腰だったOさんは、引き落とされるように尻餅をついてその場にへたり込んでしまった。見ると、信じられないくらい手首がうっ血して、だんだんと肌色から青藍色に変わっていく。これだけ締め上げられてもまったく痛くないのは、驚きが勝ってしまったからだろうか。

あまりのことに、瞬きすらできずに固まってしまった。もう視線を動かすことすらできない。

老人は、ぐぐぐぅ……と首を擡《もた》げたかと思うと、にまぁと笑った。開いた口からは、不快な臭いが漂い、げひゃげひゃと耳障りな笑い声が聞こえてくる。

見開かれた目は、真っ黒に陥没している。

その視線とOさんの視線がばちりと合った瞬間、記憶は途切れた。

次に目が覚めたのは、病院のベッドの上だった。

聞くと、仕事の仕上げ間際で気を失って倒れてしまったということだった。

「で、そのあとずっと掴まれた手首に痣が残ってたんですけど」

手首をさすりながら、Oさんが言う。

「まだありますか？」

「いいえ、あの老人の四十九日が過ぎたあたりで、消えてしまったんです」

「そう、ですか……」

「えぇ。でも、それまではずっと掴まれているような感覚に悩まされました。いつまた仕事中に出てくるかと気が気じゃなくて。突拍子もない話なんで、信じてもらえないかもしれませんね」

Oさんは、私をじっと見つめたまま微笑んだ。

どう応えて良いものかと悩んでいると、

「でも、あのおじいさん。まだら認知症を悩んだ末の自殺だって言ってましたけど、本当にそうなんでしょうかね」

どういうことかと、Oさんを見つめる。

「全裸で現れたとき、身体中痣だらけでしたから。本当はあの奥さんのいじめに耐えかねたんじゃないですかね。やっぱり、お葬式の人間模様って面白いですね」

なんだか嬉しそうにOさんがそう話した。

【第十四話　フレーバリストの怪異】

死臭

遭遇者：麻美さん（食品製造業）

都内のカフェで取材させて頂いた麻美さんは、フレーバリストとしてとある食品会社に勤めている。

フレーバリストとは食品香料開発技術者のこと。食品をはじめ歯磨き粉などの医薬部外品、煙草や酒類などに含まれる「香料」を調合する仕事だ。

食品にとって「香料」は、その味の美味しさを左右する重要な役割を担っている。

食べ物を美味しいと思わせるためには鼻から匂いを感知する嗅覚だけでなく、口に入れたときに感じる香りも大切だという。

そのためフレーバリストは肉や魚、世界各国のスパイスや植物まで全ての香りを分析・調合して、その食品にあった香料を作り出すのだ。

「香料を調合するといっても、みんな特別鼻がいいというわけではないんです。経験とスキル、あとは食べることが好きな人が向いていますね。色々な料理を食べ歩くのも、研究の一つですから」

麻美さんはそう説明してくれたが、後輩に非常に嗅覚が鋭い女性がいたという。

「A子の嗅覚は並外れていました。異常といってもいいぐらい。だから、誰にも言わないでくれって彼女から口止めされてたんです。うちの会社、三階に研究室があるんですけど、A子はそこにいながら一階の受付にきた人がわかるんですよ。その人の体臭とか、香水の匂いで。例えば、彼女が『いま一階に営業の○○さんがいるよ。甘い匂いもするから、差し入れ持ってきたのかな』って小声で教えてくれるとするじゃないですか。その後、本当に○○さんがくるんです。出張に行ってきたからって、お土産のクッキー持って……怖いくらい当てってしまうんですよ」

また、こんな出来事もあった。

できたばかりの研修センターに、A子さんと一緒に行ったときの話だ。

二人ともその街を訪れるのは初めてであったが、数十メートル先に銭湯があるとか、あの交差点を右に行くと葬儀屋があるなど、A子さんには全てわかってしまうらしい。

街には様々な匂いがあふれている。その中で銭湯と葬儀屋という組み合わせも珍しいが、銭湯は湯の匂いと石鹸の香り、葬儀屋は線香と花の残り香で嗅ぎ分けたというから驚きである。

A子さんはこの〝特殊能力〟を活かせると理系の大学に進学し、念願のフレーバリストの仕事に就いたそうだ。


そんな彼女も、度々匂いのせいで気分が悪くなることがあった。そのため、入社当時からマスクを欠かさずしていたという。

「表情が読めないから、最初は取っ付きにくかったですね。マスクをずっと外さないから、暗く見えるし。でも話してみると、人懐こくて元気いっぱいな子でした。仕事はずば抜けてできましたけど、子供っぽいところがありましたね」

新人の頃のA子さんも緊張していたのだろう。入ったばかりの頃は無口であったが、慣れてくると素が出てくるようになった。場を和ますような冗談を飛ばすぐらい、明るい女の子だったのだ。

麻美さんはそんな彼女と会社の付き合いだけでなく、休日も二人で遊びにいくほど仲が良くなっていった。

「そのときに嗅覚の秘密を打ち明けられたんです。内緒にしてって、言われてたんですけどね……」


A子さんが入社してから三年が過ぎた頃。

麻美さんのチームは新商品の開発のため残業が続いていたが、その日は夕方から連携部署の承認が滞り、やることもないので定時に帰宅することにした。

「先輩！」ロビーで呼び止められ、振り返るとA子さんが腕に抱き着いてきた。

「久しぶりに、ご飯食べに行きましょうよ」

甘えた声を出す彼女も似たような理由で早々に仕事仕舞いをしたらしい。「ご飯」と聞き、麻美さんの腹の虫がぐうと鳴った。

そういえば忙しさにかまけて、朝から何も食べてなかった――。

会社の近くでどこか適当な店を見繕って入ろうと、A子さんと駅までの道をぶらぶらと探して歩くことにしたのだ。

日暮れの時間が少しずつ早くなり、秋の心地良い風が頬を撫でる。

家路を急ぐ人々の往来、色づきはじめた街路樹沿いのイタリアン、裏路地にあるタイ料理屋。ひやかしながら歩いていると「あ、焼き肉の匂い！」と、A子さんが突然走り出した。

彼女の行く方向を見て、え、確かあそこは……と、戸惑いながらもついていく。

到着した先にはできたばかりの真新しいビルが建ち、〈テナント募集〉の広告が張ってあった。

「そこ、民家を改装した焼き肉屋だったんですけど、前の年の暮れに火事で全焼したんです。会社から少し離れてるんですが、割と社内でも話題になってたのに……何故か彼女、火事のこと知らなかったみたいで、とても困惑していました」

ビルの前で呆然と立ち尽くすA子さんに、「大丈夫？」と声をかけた。A子さんはずっと「匂いがしたのに、どうして？」と、動揺したように繰り返していたという。

彼女を心配した麻美さんは、ゆっくり話せそうなダイニングバーに入った。

軽い食事とカクテルを飲みながらくだんの火事のことを話すと、A子さんは驚愕してうろたえていた。

実はA子さん、全焼した焼き肉屋の前の道をよく通っていたらしい。会社へ行くには遠回りになるが、運動不足解消のため余裕のある日はわざわざ歩いていたという。

「先輩に言われるまで、ずっと〝ある〟って思ってたのに。ちゃんと遠くからでも匂ってたの……やっぱり私の鼻、おかしくなったんだ……ここ最近、同じようなことが続けて起きて……」

徐々に落ち着いてきた彼女はポツポツと、自身の嗅覚に起きた異変を語り出した。

休日、家の近くのカフェに行ったら、一か月前に〈移転しました〉と書かれた紙が入口に張られていた。また、外に洗濯機を設置しているため、いつも洗濯洗剤の匂いがしていた安アパートが、いつの間にか取り壊されて更地になっていたそうだ。

いずれも人と一緒のときに、〈ない〉ことに気が付くのだ。その瞬間、匂いも消えるという。

「……ということは、目では確認してなかったの？　お店の前通ってたんでしょ？　見てたらどんな状態か、わかると思うんだけど……」

ましてやくだんの焼き肉屋は全焼しているのだ。不思議に思った麻美さんが質問すると、

「今まで鼻に頼ってきて、ちゃんと見てなかったのかもしれない」とうつむいてしまった。

それにしても妙な話である。体調の変化や悪化で嗅覚が鈍くなることはあるが、A子さんは特に悪いところはないと話していた。

「どうしてこうなったかわからない」と落ち込むA子さんに、麻美さんはいつから〈嗅覚〉

がおかしくなったかを聞いてみた。

しばらく考えていた彼女は「あの事故のせいかもしれない……」と呟き、詳細を教えてくれたのである。

二週間ほど前、A子さんが自宅近くの国道沿いを歩いていると、甲高い急ブレーキ音と共に〈ダンッ！〉という大きな衝撃音がした。

国道丁字路を右折しようとしたバイクに、直進していた乗用車が衝突したのだ。

バイクに乗っていた男性は宙に投げ出され数メートル飛び、頭から地面に落ちた。すぐに周辺を歩いていた人たちが集まってきて、まわりは騒然としていたという。

「その吹き飛んだバイクの男性、ちょうど私が歩いていた近くに落ちてきて。私、びっくりしたのもあったんですけど、匂いで気持ち悪くなっちゃって……削れたアスファルトと血の匂いで。で、思わず『臭い』って言っちゃったんですよね……」

そう口走った瞬間、バイクの男性の目が開いたんです。

気のせいかもしれないけど、私のこと睨んでたような気がして……。

怖くなったA子さんはすぐにその場を離れた。

翌日、その国道を歩いていると、現場には花が置かれていたという。

「……それからA子さんの嗅覚に異常が起きた、と」

私からの質問に麻美さんはうなずいて答えた。

麻美さんからの話は以上であった。だが、どうも腑に落ちない点がある。

死亡事故を目撃したことでA子さんの嗅覚がおかしくなってしまったことが、上手く結びつかなかった。

彼女が「臭い」と呟いた直後、亡くなった男性に睨まれたかもしれないというのも単なる偶然かもしれない。

そうなると〈怪異〉とは違うものになるのではないか。A子さんの嗅覚の異常の出方は奇妙であるが、もしかすると精神的なものでおかしくなった可能性もある。

このところの怪談取材でことごとく外れを引いていた私は、いささか疑り深くなっていたのかもしれない。

「あのときはA子も半信半疑だったみたいです。私も事故を目の前で見たショックで、一時的におかしくなっただけだと思ったんですけど……実は　この話、続きがあって……」

私が〈怪異〉があるかないかの堂々巡りをしていると、麻美さんが助け舟を出してくれた。

二人が飲みに行ってから数か月後、不意にA子さんは身体を壊したと休職したのだ。病名は「うつ病」。このところ嗅覚が元に戻ったと喜んでいたA子さんが、突然入院したと聞き、心配した麻美さんはすぐに見舞いに行ったという。

病室にいるA子さんは案外元気そうであったが、いつもしているマスクは二重につけていた。理由を聞いたところ「煙臭くて我慢できない」と答えたそうだ。

治ったと思っていた嗅覚の異常が、また出てきたのか——。

「やだあ、違いますよ」心配顔の麻美さんを見て、A子さんは明るい声で否定した。

「どうしようかなあ……先輩には言っちゃおうかな。誰にも言わないって約束してくれます?」

やたらと楽しげな声を出す彼女に、麻美さんは不思議に思いながらもうなずいていた。

「私、死んだ人を見ると嗅覚が狂っちゃうみたいなんです。あ、正確には死ぬ間際の人かな。二回目でやっと確信しました」

「……二回目って?」

「先輩も知ってる人です。営業部のM課長ですよ。この前、自殺したじゃないですか」

ケロリとした顔で怖いことを話す彼女に、鳥肌が立った。

M課長はたしかに自殺した。A子さんが入院する数週間前に、大きな公園内に車を停め車内で練炭を焚き、一酸化炭素中毒で亡くなっていたところを発見されたのだ。

理由は社内不倫を何者かに暴露され左遷が決まり、奥さんにも不倫相手にも捨てられた末のことだと社内でも噂になっていた。

「会社にバラしたの私なんです。だって課長、恵と私の両方と付き合ってたんですよ。奥さんがいるのも嫌だったのに、不倫で二股なんて許せないですよ。あ、でも自殺した理由はそれだけじゃないですよ。課長、FXに手を出して失敗しちゃったんです。借金がたくさんあって首が回らないって。一緒に死んでくれって、車内で睡眠薬渡されたけど、飲むふりして課長が眠ったあとに出てきちゃいました」

通話記録から、彼女の所にも警察がきたらしい。

「不倫してたとは言いませんでしたけどね。誘われて食事に二回くらい行ったって誤魔化したけど、私のこともバレてるかもしれない……」

うつむいた彼女の目には涙が浮かんでいた。

不倫も含め何もかも知らなかった麻美さんは衝撃を受け、「どうして？」としか言えなかったという。

しばらく沈黙が続いた後、彼女から「……もう帰って」と言われて我に返った。

「それから彼女は会社に復帰しないまま、退職してしまいました。あれから私も会いづらくなって連絡も取ってないし、今どうしてるのか全く知らないんです」

歪んでるけど、本当に好きだったんでしょうね、M課長のこと。

自殺に追い込むまで憎むって、〈愛憎〉ってそういうことですよね……。

麻美さんはA子さんが「煙臭い」と訴えていたのは、M課長が練炭自殺で亡くなったことと関係があると考えている。

そしてこのことは私以外、誰にも話してはいないそうだ。

【第十五章　ロケーションコーディネーターの怪異】

本当に見えていた景色

遭遇者：後藤さん（ロケ手配業）

友人の紹介で、取材に応じてくれた後藤さんという三十歳になったばかりの女性が、こんな話を教えてくれた。

彼女はロケーションコーディネーターをしている。聞きなれない職業だが、ドラマや映画の撮影に使われる『風景』に関することすべてが仕事なんだという。

こちらのピンときていない表情が伝わったのか、ちょっと雑な説明でしたね、と笑いながら話を続ける。

「まず、お客さんから『こんな撮影がしたい』ってリクエストがくるんです。『○○高校の校舎で撮影したい』とか具体的なものもあれば、『ゆるやかにカーブした川沿いで水には透明感が欲しい』なんていうアバウトなものもあります」

「つまり、風景を探すのがお仕事？」

「いいえ、それ以外にも場所の持ち主に撮影許可の交渉をしたり、撮影までのスケジュール管理や、スタイリストさんやメイクさんの人選や段取りまでします」

「もう風景に関係してないところまで面倒みてるんですね」

「ええ、なんでも屋に近いのかもしれません。あの日も、お客さんからの依頼で出張してたんです」

その日、後藤さんは福岡県の博多市にきていた。番組制作会社から、『芸能人が博多を散歩して、ふらりと入った居酒屋で雑談するような番組を撮影したい。東京都内の店を博多という設定で撮影すると、ＳＮＳを通じてすぐ嘘だとばれてしまう。予算はしっかりあるので、本当に博多で撮影をしたい』というリクエストで、博多の街を散策することになったのだ。

不況で制作費を抑えることが普通だ。たとえば、東京都内の住宅街を『ここは大阪の住宅街だ』という体裁にする。そうすれば、わざわざ移動費を捻出する必要はないし、時間も節約できる。そういう意味で、今回の依頼者は金払いの良い客とも言える。

彼女はお客が望むような風景と建物を探して、博多市内を歩いていた。

「って言っても、もうほとんど用は済んでるんです。インターネットの無料地図で事前にどのあたりの風景が良いかとか、どんな建物がどのへんにあるか、というのは調査してわかってるんで。目的は、対面して撮影許可を得ることです。それにはそれなりの誠意を見せることが重要なんです」

足を使って調査をすると、地図アプリではわからない撮影向きの風景や物件を見つけることもある。後藤さんはそんな『掘り出し物』を探して街を散策していた。

——と。

左右の建物に注意して歩いていたから気がつかなかったが、正面三十メートルほど前の歩道に白い杖をついた老人が歩いている。

「危ないなぁ……」

思わず独り言ちた。

老人は、右に左にふらふらしているだけで、前には進んでいないように見える。杖がそれにあわせて揺れているのだが、いつ道路側に倒れて事故にならないとも限らない。

彼女は、足早に近づいていって声を掛けた。

「あの、大丈夫ですか？」

後藤さんの声に反応して、老人が振り返った。

見ると、サングラスをしていて「やはり目が不自由なのか」とすぐにわかったが、それよりも、眉にしわを寄せて口角が下がった表情が印象的だった。

「あ、もしかして道に迷われてるんですか？」

「いえね、ここ、点字ブロックがあるでしょう？」

老人が真下を指差しながら、乗っている黄色い点字ブロックを足でなぞる。

つられて目線を下に向けると、たしかに駅のホームにあるような黄色い点字ブロックが自分のきた道から延びていて、大きな交差点に向かっているのがわかる。

同時に、老人の履いている革靴が良質で、きっと高価なものだろうということに気がついた。

「えぇ、たしかにありますね。それが？」

目線を上げつつ、ズボン、ベルト、シャツ、上着、と注意深く見ていくと、身に着けているものは、どれも仕立てがしっかりしており、上質で趣味が良く、ほどよくくたびれている。

「でも、ここから先はないですよね？」

老人が、後藤さんの視界を確保するように、半身になって後ろを指した。

「えっと……」

ここで困ってしまった。

自分なら、この目の不自由な老人を助けることができるだろうと、勝手に思い込んでいたが、老人から問われたことが理解できない。

彼女の視界には、自分と並走する大通りと、その先で交差する別の大通りがあるだけだ。

点字ブロックは、交差点まで行くとそのまま左に折れ曲がっている。

「で、まぁ、困ってるんです。昨日までちゃんとあったはずなのに。これじゃあ、怖くて歩くこともできないんです」

しかし、点字ブロックはたしかに続いているのだ。

「いやいや！　ありますよ、そこに！」

無意味なのは重々承知で、指まで指して主張してしまった。

「でも、杖はそう言ってないですよ」

杖の先端を地面に滑らせながら、ほらね、と言わんばかりにサングラスがこちらを見てくる。

だが、後藤さんの目には、しっかりと杖が点字ブロックに当たってガタガタと振動している。

るようにしか見えなかった。このはっきりとした振動が彼には伝わってないのだろうか？

「いやいや！」「でも！」

と何度か軽い言い争いのようになってしまったが、このまま放って置くわけにもいかないだろうと、彼女はひとつ提案することにした。

「じゃあ、どちらまで行かれるんですか？　よかったら、そこまでお送りします」

老人は嬉しそうに顔を崩した。

「良いんですか？　じゃあ、すぐそこの博多駅前まで。そこまで行けば、迎えの者と待ち合わせるだけなんで、大丈夫です」

駅前と言えば、すぐ目の前だ。文字通り、博多駅東側のオブジェが見えている。この老人の手をひいて歩いたとしても十分かからないだろう。

人の役に立てるというのは、気分の良いものだ。後藤さんは上機嫌で老人を案内することにした。

「じゃ、わたしはここで」

軽く手を振ろうとして、違うか、と手を下ろしながら会釈する。

（あ、これも違う）

心の中で苦笑しながら後藤さんは老人と別れ、宿泊先のビジネスホテルを目指した。

翌日。

目覚ましが鳴る。だるい身体を奮い立たせてベッドから起き上がる。朝食の会場に行く前に、軽く身支度を整えようとしてBGMにと、テレビをつけた。静かな部屋で化粧をするのは、少し苦手だ。

なんとはなしに、テレビを眺めると地方局のニュース番組が目に入った。

かなり大きな事故らしく、リポーターが早口に何かを報道している。気になって、意識をそちらに向けると、そこには道路が陥没していて、巨大な穴が大量の土砂を飲み込んでいる様子が映っていた。

その瞬間、後藤さんははっきりと目が覚めた。なぜなら、陥没しているのは昨日、あの老人が困って立ち往生していた場所だったからだ。老人が「消えた」と言っていた点字ブロックが道路の陥没によって本当に消えてしまっていた。

後日わかったのは、それが博多駅前道路陥没事故ということだった。

「つまり……、その老人には未来が見えていたってことですか?」

テーブルの向こう側で、話が進むに連れ元気がなくなっていった後藤さんに問いかける。

――瞬間。

ぱっと顔を上げたかと思うと
「やめてください！　きっとただの偶然ですよ！」

強く否定された。

彼女の顔は、話し始めのころに比べてずいぶんと老け込んだように見える。何をそんなに焦燥しているのだろうか。

「だって……、だってそうじゃなきゃ困るんです……」

急に勢いがなくなって、彼女は視線を膝の上に落とした。

「別れ際、こう言われたんです」

「ありがとうございました。貴女も両脚とも義足なのに大変だったでしょう？」

【第十六話　自動販売機設置業の怪異】

土地憑き

遭遇者：Sさん（元自動販売機設置業）

喫茶店で取材に応じてくれたSさんという五十代の男性は、「自動販売機設置場所探し」という仕事をしていた。

「ん～、と言ってもね。三十年くらい昔の話だから、今と勝手が違うかも知れないよ？」

煙草の火を灰皿に押し付けながら、Sさんが断りを入れてくる。

「自動販売機って大きいじゃない？　いや、小さいのももちろんあるけど。でもまぁ、それなりにスペースを占有するから、置いてくれそうなところを探して、交渉するの。その土地の持ち主に」

要は、自動販売機を置く許可をもらうのが仕事だ、という。

「今はほとんど飲み物かなぁ。昔は煙草のも扱ってたんだけどね。とにかく、置くと電気代がかかるとか、売り上げがどうなるかとか、そういうのを説明して置かせてくれないかって言うのよ。え、その後？　あぁ、許可もらったら次の担当者に引き継ぐんだよ。俺の仕事はここまで。あとはどんな自販機がいつ置かれて、どういう契約になるかなんてのは知ったことじゃないんだ。いや、今と勝手が違うかも知れないよ？」

再び断りを入れつつ、煙草に火をつける。

そんな慎重なSさんが、三十年前、ある商店街を歩いているときだった。

Sさんがきたのは、とある商店街だった。と書けば活気に溢れている街並みを想像するのかも知れないが、その実、シャッター街だった。

彼の仕事にはノルマがあり、この月も上司から達成率を酷く咎められていた。

担当地域で置いてもらえそうな場所は行き尽し、藁にもすがる思いで訪れたのが、このシャッター街だった。

（置く許可さえもらえればいいんだ。あとのことはどうだっていい）

そう思いながら、Sさんはそのシャッター街の入り口に立った。

しかし、直線的に延びる道路には、ひとっこひとりいない。

自転車に乗る買い物客もいなければ、通勤・通学をする社会人や学生も見受けられない。ともかく、人がいないのだ。

代わりに目につくのは、シャッターが下ろされた店舗。空き家になっている店舗。廃墟に一歩手前の店舗……。

はたして営業している店はあるのだろうか、と不安になる。

そして、商店街といえば必ず流れているBGM。それが聞こえてこないことが、ことさら不気味に思えた。

（お、あの店先は置いてもらえそうだな）

そう思って近づいて行ったのは、ある個人経営のスーパーだった。

商店街の道路に面した店舗は十数メートル凹んでいて、車が数台停められるスペースとなっていた。奥には、ガラス戸の自動ドアがあり、脇には棚が置かれポテトチップスのような、いわゆる「スナック菓子」が陳列されている。一般的なスーパーと言えよう。

Sさんは、自動ドアを通り、店の入り口で「こんにちは！　どなたかいらっしゃいますか？」と大きな声をあげた。

営業中のスーパーである。人がいないなんてことは考えられないが、こういうのは第一印象が大切だ。できるだけ元気に挨拶をした方が良い。

すると、店の奥から七十歳は軽く過ぎているであろう老人が出てきた。

「どうも、こんにちは。何かご用でしょうか？」

聞くと、この店の主人だという。Sさんは、名刺を渡すと意外なことにご主人も名刺を渡してきた。シャッター街の小さな店である。店名が入った名刺を渡されるとは思ってもみなかった。店主によると商品の仕入れのためにメーカーの営業担当とよく名刺交換をするそうで、名刺はかかさないということだった。

Sさんは、そのまま「商談」に入った。

ご主人はSさんの話を聞くと、「えぇ、良いですよ」と笑顔で快諾してくれた。

(やった！)

Sさんは、心の中でガッツポーズをした。

これほどスムーズに商談が進むケースも珍しい。

別れの挨拶を交わすと、Sさんはさらに商店街を奥に進んだ。

すると、文房具店の店先にも自販機を置けそうなスペースを発見した。これも〝商談〟してみよう。

Sさんは、文房具店のドアに入ると、「こんにちは！　どなたかいらっしゃいますか？」と先ほどと同じような声を上げた。

「はーい」

返事する気力がないのか、なんとか聞き取れるような小さい応答が返ってきた。

奥から出てきた人物の顔を見て、驚いた。

「あ、あれ？　スーパーの……？」

指をさして呆然とするSさんの目の前には、さっき会ったスーパーの主人が立っていた。

今し方会ったばかりの人だ。見間違うはずもない。

スーパーからここまでくるときに、誰ともすれ違ってもいないし追い抜かされてもいない。

なぜスーパーの主人がここにいるのか。

「え！　ご主人さっき……!?」

「はぁ、なんの話でしょうか？」

きょとんとした顔で見返してくるスーパーのご主人。まるで初めて会ったかのような反応だ。Sさんはスーパーでの話を聞かせるのだが、相手はまったく理解してくれない。

いらいらしてきたSさんも、ついつい声が大きくなってしまう。

「いやだからですね！　どういうつもりか知りませんが、からかってるなら……」

「どうかしました？」

からかうならやめて欲しいと言おうとしたとき、突然背後から声をかけられた。

振り向くと、自分と同じ年齢くらいの男性がこちらを見て立っている。

「いや、それが……」とSさんは今までの流れを説明した。

すると男性は困ったような、笑ったような顔で言った。

「何を言ってるんですか？　そこ、ずいぶん前に引っ越されて空き店舗になってるんですけど。がらんどうの建物に何を怒鳴っているのかと」

そう言われて驚いて振り向いてみると、さっきまでいたご主人がいない。

それどころか文房具が所狭しと置いてあったはずの店内には、何もない真っ暗な空間が広がるばかりだった。


Sさんが茫然としていると、その男性が追い打ちをかけてきた。

「それにそこのスーパーでしたっけ？　それもかなり前につぶれて今は空き家ですよ」

そんな馬鹿なと、その男性に一緒にきてくれるようにお願いし、商店街を引き返す。スーパーの前まで戻ってきたのだが、そこには朽ち果てている大きなスーパーの廃墟が佇んでいるだけだった。

茫然とするSさんを横目に、男性が、

「でも、あなたの言うスーパーのご主人とか、文房具店の人とか、ちょっと前に亡くなった町会長に似てる感じがしますね。まぁ、いつも商店街を気にしてましたから。もしかしたら、化けて出てきてるのかもしれませんねぇ」

と、満面の笑みを浮かべて嬉しそうにしている。

「そう、なんですか……」

もう何が何だかわからない。Sさんががっくりしていると、

「じゃあ、せっかくだし僕の家の前に自販機置いてくださいよ。ちょっと置けるかどうか見て欲しいです」

と男性が誘ってくれた。


男性が言うには、商店街の真ん中あたり、ここから二十軒ほど先に自宅があり、その前に自販機が置けそうなら置きたいということだった。

「あぁ、ただちょっと雑草が生え放題でほったらかしにしてるんで、それを刈り取らないといけないんですけど、それはやってもらえます？」

「えぇ、まぁ。その辺の話は置くことが決まったあと、担当者と話してもらえるといいと思いますが、前例で言うとたぶん大丈夫ですよ」

Sさんは、言われるまま見に行くことにした。

「あ、じゃあちょっと用事があるんで、すぐ済ませて、あとから行きますね」

男性はそう言うと、商店街の入り口に歩いて行ってしまった。


なんだか妙な感じがしたが、手ぶらで帰るわけにはいかないと、Sさんは言われた通り二十軒先を目指した。

そこにあったのは、一つのお墓だった。商店街の並びで、たしかに雑草が鬱蒼と生えている。長い時間、手入れがされていないのだろう。本来なら献花したり線香を立てるところが見えなくなっている。

（あの人、まさかこれのことを言っているんじゃないだろうな……？）

そう思ったSさんだったが、次の瞬間、こうも思った。

（それに、『自宅』って言ったよな？　これが自宅だってことは……）

さらに、別れ際にあの男性が言っていたことを思い出す。

『あとから行きますね』

瞬間、背筋に冷たいものが走る。同時に肩を叩かれた。

「おまたせしました……」

たしかにあの男性の声だ。

男性の声だったが、ひどく嗄れている。

動けずにいると、首筋に生暖かい吐息がまとわりついてきた。

とてもじゃないが、後ろを振り向ける気がしない。

慌てて、商店街の出口に向かって走り出すが、思うように走れない。

右足と左足がお互いを邪魔し合ってうまく前に進めない。自分の両足が走ることに対して最大の妨げになるとはこのときまで思わなかった。

「おい！」

ついに前のめりに転んでしまった。地面に伏したまま振り返ると、そこには誰もいなかった。

あれは幻……、いやいや狸にでも化かされたか？

そういえば、名刺をもらったんだった。慌てて鞄に手を入れ、名刺入れを取り出す。そこにはたしかにスーパーの店主からもらった名刺が入っていた。だが、どういうわけか茶色く変色していたという。

「最初は狸の仕業かとも思ったんだけどねぇ。狸がちゃんとした名刺を用意するとも思えないし……。あ、もらった名刺は新品だったんだよ。それがなぜか、ひどく古びたものに変わっていてね」

Sさんは、腕組みをして考え込むようにして唸った。

「うーん、やっぱりあの商店街を食い物にしようとして、あの辺りに眠っている者たちを怒らせちまったのかもしれんなぁ」

からかわれた程度で助かったと思うよ、とSさんは苦笑していた。

【第十七話　競馬の予想屋の怪異】

父の愛

遭遇者：Hさん（競馬の予想業）

「予想屋殺すにゃ刃物はいらぬ、大雪台風くればいい。やけのやんぱち日焼けのナスビ、色が黒くて食いつきたいが、あたしゃ入れ歯で歯が立たないときやがった！　家に帰りゃあ、お腹を空かせた女房子供が待っている。さーさ、見かねたそこの旦那さん、ここで買わなきゃ男じゃないよ！　ほーら、買った張った！」

粋な口上を披露してくれたのは、とある地方競馬場で〝公認予想屋〟をしていたHさんである。

「子供の頃から寅さんが好きでさ。この啖呵売りも、寅さんのセリフを勝手に拝借して作っちまった」

彼ははにかみながら、そう語っていた。

笑うと先ほどの威勢のいい啖呵を切った人とは思えないほど、柔和な皺が目尻に刻まれる。

地方競馬には各公営競技場から許可を得た、「場立ち」と呼ばれる公認予想屋が存在する。開催される競馬場内の割り振られた場所で、自身が予想した着順を一レース百円、一日分だと五百円から千円ほどで提供しているそうだ。

場立ちの際、場内にいる客に向かいこれから予想されるレース展開や集めた情報、Hさんの場合は先に書いた気風のいい口上などを述べ、集客するのだ。

売り物である着順予想は最後まで公表しない。客がどの予想屋から買うかは、腕しだいということになる。ちなみに購入者には、手書きで着順を書いた小さな紙を渡すそうだ。

人気の予想屋ともなると客が押し寄せ、行列を作ることもあるという。

「俺はそんな名物予想屋じゃなかったけどな。予想がピタリと当たって、客から『ありがとう！』ってお礼を言われることもあったんだよ。予想屋として一番やりがいを感じた瞬間だね。万馬券出たときなんかご祝儀をくれる客もいてさ」

昔を思い出したかのように、Hさんは目を細めた。

そんな彼は高校を卒業した後、職を転々とし同じく公認予想屋であった親方に弟子入りして、跡を継いだという。

「左官屋、板金工、とび職人。色々経験したけど、どれもダメ、続かねえの。ただ、俺も馬だけは昔から好きだったからさ、競馬場に通ってたら親方が拾ってくれたんだよ。いい若《わけ》えもんが、いつまでもフラフラしてんじゃねえーよってね。修業時代を入れて二十数年続いたのは、親方のお陰だよ」

場立ちになるには資格はいらない。かといって新規参入は難しいので、彼のように「台」を持っている親方に弟子入りするのが、一番の近道らしい。

的中率が悪いと認可が取り消されることもある。場立ち一本で食べていくには、かなり厳しい世界だ。それにくわえ、高齢化にともない公認予想屋の人数は減ってきているという。

「魔法を使ってるみたいだったからな。よく覚えてるよ」Hさんはそう前置きをして、自身が遭遇した怖い話を語りはじめた。

当時、彼の顧客の中にポンちゃんと呼ばれていた男性がいた。

歳は二十代後半。地元の繁華街でポン引きをしていたから、ポンちゃんという愛称がついた。

彼は夜の仕事をしていたが、やたら人懐っこくて愛嬌があった。そのせいもあり、みんなから好かれていたそうだ。

このポンちゃんも職をコロコロと変えていた。

ポン引きからはじまり、クラブのホステスの送迎ドライバー、パチンコ屋店員、バーテンダーと、どの仕事をしても続かない。

「昔の俺によく似てたから、飲みに連れてったり結構可愛がってやったよ。ただ、あいつを弟子に取ろうとは思わなかった。ギャンブル狂いな男でさ、金が入ったらすぐ全部突っ込んじゃう。給料日の次の日には、もうオケラってやつよ。そういう輩は地道に情報を集めて分析する、予想屋のような仕事には向かないんだ。すぐ熱くなるから、冷静な判断ができねぇんだよ」

両親ともすでに他界していたポンちゃんは、女の家に転がり込んでは追い出され、根なし草のような生活を送っていた。

金がないときは競馬仲間に飯をおごってもらったり、それがダメなら落ちている馬券を拾って歩いていた（まれにだが、当たり馬券を間違えて捨ててしまう人がいるらしい）。

競馬ファンの中には、ポンちゃんのようなタイプのギャンブラーは少なくない。

持ち金全部をはたいて一攫千金を狙う。なかにはこのレースが外れたら、人生終わりという人までいるという。

大きなニュースにはならなかったが、Hさんがいた競馬場のトイレでも首つり自殺者がでたそうだ。

「あれはポンちゃんが一番酷いときだったなあ。仕事もなくてまた女から追い出されちまって、河原に住んでるっていうんだよ。そんなんでも競馬場のゴミ箱から新聞拾ってさ、なけなしの小銭を突っ込むもんだから、見てらんなくてよ。家に連れて帰って説教してやったんだ。早く仕事見つけて真っ当に生きろって。ま、俺も偉そうなこと言える生き方してないけどよ、衣食住、最低限困らない生活はしてたからな。でもあいつはへらへら笑うばかりで、ちっとも変わらなかった。仕事が見つかるまで家《うち》にいろっていったのに、出ていきやがったんだ」

Hさん宅を出ていった後、しばらくしてポンちゃんは突然勝ちだした。それもその日のレース全てである。

最初は自販機の下で拾った百円から馬券を買ったらしい。

勝った配当金を各レースに全額つぎ込むから、帰りには彼の所持金は百万円を優に超えていたという。

その噂は瞬く間に広まり、競馬仲間からは「わらしべ長者みたいだ」と、非常に驚かれていた。

四週連続勝ち続けて、彼はみるみるうちに羽振りが良くなっていた。

女ともよりを戻し、派手なスーツを着て高級外車を乗り回す。

競馬仲間も一緒に高級クラブで大盤振る舞い。もちろんポンちゃんの奢りである。

なかには八百長をしているのではないかと怪しむ人もいたが、彼に着順予想を教えてもらおうと大勢の人たちがむらがっていた。


「ポンちゃんは、俺たち予想屋の商売の邪魔になるからって全員には教えてなかったけど、世話になった何人かにはコッソリ教えてたみたいだな。俺も一回だけ予想をもらったことがあるんだ。俺が教えてくれって頼んだんじゃないよ。今までの礼にって目の前でメモ帳取り出して、赤ペンでスラスラ書いて渡してきた。まさかと思う馬番だった。それが万馬券だったよ。嘘みたいだろ？」

Hさんは予想屋としてのプライドもあったのだろう、彼からもらった着順予想を売らなかった。

ポンちゃんを疑っているわけではなかったが、嫌な予感はしていたという。

「あいつは八百長なんかできるタマじゃねえ。騎手も調教師の知り合いもいなかったし、第一そこまで頭が回る奴じゃなかった……だからさ、上手く言えねえーけど何か悪いもんでも憑いてるんじゃないかって感じたんだよな。でも、そんな理由でもう買うな、なんて言えねえしさ……」

ポンちゃんに「なぜ続けて当たるようになったのか」と繰り返し聞いてみたが、その度に彼はへらへらと笑って誤魔化すだけだったという。


嫌な予感は当たった。

しばらくしてポンちゃんは競馬場に姿を見せなくなった。

心配したHさんは何人かの知り合いに聞いてみたが、皆、ポンちゃんの様子どころか家さえも知らなかった。

やっとのことで見つけたのは、ポンちゃんと同棲しているはずの女の行方であった。

女は地元のスナックで働いていた。Hさんは女と会ったことはなかったが、すぐにそのスナックを訪ねてみたという。

「そしたらさ、また喧嘩して別れたっていうんだよ。別れる前のポンちゃんの様子を聞きたかったけど、あんまり話したがらなかったな。仕方ねえーからポンちゃんの家の在りかだけ聞き出したよ」

女が書いた地図を頼りに行ってみると、意外にもそこはかなり老朽化が進んでいるアパートであった。ありえないと思い駐車場を確認してみたが、ポンちゃんが乗り回していた高級外車が駐車されていた。

アパートの外壁はほぼ蔦で覆われている。まだ夜の八時だというのに、どの部屋の灯りもついていなかった。

金属製の外階段は真っ赤に錆びつき、ステップを踏むたびにギシギシと鳴る。

もう長いこと交換していないのだろう、外廊下の電球はチカチカと点滅し、今にも消えそうであったという。

おどろおどろしい雰囲気に圧倒されながらも、Hさんはポンちゃんの部屋の前まできた。

玄関のチャイムを押しても鳴らない。

試しにドアノブを回してみると、鍵はかかっていなかった。

「ポンちゃん、いるのかい？」ドアを開け、灯りがついていない部屋に向かい何度か声をかけてみたが、一向に返事はない。

悪い予感がする。

Hさんが部屋に入ってみると、真っ暗な部屋に何かがぶら下がっているのが見えた。

急いで電気をつけると、ポンちゃんが宙に浮いていた。

本当に古いアパートなのだろう、長押《なげし》の上には障子欄間がありそこにマフラーをかけ、首をつっていたのだ。

慌てふためいて救急車と警察に電話をかけたあと、気が付いた。部屋の中が、たくさんの万札と〈マフラー〉で埋め尽くされていたのを——。

「焦って救急車を呼んだけど、ポンちゃんはもう死んでた……俺、そのときわかったんだ。ポンちゃん、マフラーで首をつってただろ。それって競馬場のトイレで自殺した奴と同じ死に方だったんだよ……しかも第一発見者はポンちゃんなんだよな」

競馬場内のトイレの個室上部には格子状の物置台が設置されていた。自殺した男性は格子の隙間にマフラーを通し、首をくくっていたのだ。

発見されたときの状況は、ポンちゃんが興奮しながら教えてくれたらしい。

「恐ろしいねえ。俺は首つって死んだ奴の呪いだと考えてるよ」

Hさんの話は、ここで一旦終わった。

「えーと……」不可解な点が多すぎるので、つい言い淀んでしまった。

「つまり、第一発見者だというだけで呪われたと？」

殺人なら第一発見者が疑われ、本当にその人が犯人であったという事件はよくあると聞く。だが、呪いはどうだろう。真っ先に自分の遺体を見つけてくれた人を呪うというのは心情的に合点がいかないし、発見しただけで呪われてしまうとしたら、堪ったものではない。

「例えば遺体を乱暴に扱ったとか、所持品を盗んだとか、そういうのがないと呪われる理由がないですよね。あと、自殺した方が生前、ポンちゃんを恨んでたとか。あ、ポンちゃんのせいで、自殺に追い込まれたということはないんですかね？」

失礼を承知で矢継ぎ早に質問している最中、Hさんの目は泳いでいた。


「まあ、あいつは手癖が悪いところがあったからさ」

彼はそう早口でまくし立てると、「これはあくまでも俺の推測だよ」と、何度も念を押し再び語り始めてくれた。

「あいつ、金がねえーからゴミ箱から競馬新聞漁ってたって話しただろ。場内の食堂でも、小袋に入った醤油とか紅ショウガとか、ただでもらえる物は全部持って帰ってたんだ。だからさ、首つり自殺した人の洋服漁って、赤ペン、取ったんじゃないかって」

俺に予想を書いた紙を渡してくれたとき、その赤ペンで書いてたんだ。

あの赤ペンのお陰で、ポンちゃんはバカ勝ちしてた。

で、赤ペンのせいで死んだんだよ。

だから、自殺者が呪ったんじゃねえーかな――。


「ポンちゃんから聞いたわけじゃないんですよね？　赤ペン取ったたって」

「いや、だからさ」Hさんはせわしなく頭を掻きはじめた。

「あくまでも俺の考えだよ。そう思っただけだから。信じないならいいよ。怖い話はないかって、こっちは頼まれてきただけだからさ」

狼狽しているHさんを見ていると、何かが引っかかる。何とも言えない違和感に襲われた私は、席を立とうとした彼に向かい思い切って伺ってみた。

「もしかして、隠してることあるんじゃないですか？」

Hさんは立ったまま、押し黙ってしまった。

わずかな時間だったと思うが、その間《ま》は異常に長く感じられた。


「……正直に話すよ」

観念したような顔で座りなおした後、Hさんはしばらく考え事をしているかのようにうつむいていたが、ようやく口を開いてくれた。

「実は一回目に彼のアパートに行ったときは、まだ死んでなかったんだ……」

Hさんがポンちゃんの部屋に入ったとき、彼は椅子に乗り首にマフラーをかけている最中であった。

驚いたHさんはポンちゃんの身体を支えて、自殺を止めた。そのときの彼の目は虚ろで、半分寝ているような状態であったという。

「おい、ポン。起きろ！」

彼の頬を叩いて起こしたHさんは、怯えていたポンちゃんから事情を聞き出した。

「どうしよう。Hさん、これから俺、どうすればいいと思う？」

ポンちゃんはガタガタと震えながら、Hさんにすがりついてきた。

「俺はどうせ、競馬が当たらなくなって、また借金でも作って金貸しに追われてると思ったんだよ。だからあいつに『落ち着けって。まずは車を売って金を作って返せ。そしてギャンブルから足を洗って地道に返していけ』って言ったらさ」

Hさんの言葉を聞いたポンちゃんは、ぽかんとしていたが、すぐに合点がいったようで
「そうじゃないんだよ」と、泣きそうな顔になった。

戸惑っている彼に向かい、ポンちゃんは早口で語り出した。

「実は俺、自殺したヤツのポケットから赤ペンを盗んだんだ」

財布は金が入っていなかったし、ヤバそうだから取らなかった。他に使えそうな物は赤ペンしかなかった。でもその赤ペンを持ってレースを予想すると、手が勝手に動いて着順を書いていく。

その着順通りに買うと、不思議なくらいバカ勝ちする。

これはすごいと調子にのって赤ペンを使い続けていたが、フッと自分の意識がなくなるときがあることに気が付いた。

買った記憶が全くないのにマフラーが増え続けていく。同棲していた女と新築マンションに引っ越そうと話していたのに、気づいたらこのオンボロアパートを契約して、いつの間にかそこで寝泊まりをしている。生活するだけならいいが、我に返るとマフラーを欄間にかけ、首つり用に結わいていた自分がいる。

「俺、取り返しのつかないことをしたのかもしれない」

繰り返しポンちゃんは「どうしよう、どうしたらいい?」と、自問自答するように呟いていた。

「お前、酒の飲み過ぎか、変な薬でもやってるんじゃないか？」

百発百中のポンちゃんの的中率を見て、悪いものでも憑いているんじゃないかと考えていたが、ここまで異常な話を聞くとにわかには信じられずにいた。

幻覚や妄想でおかしくなっているのではないかと心配したHさんであったが、ポンちゃんは違うと言わんばかりに手をひらひらと振って話を続けた。

「意識のあるときによく見るんだ。ちょっと開いた襖《ふすま》や窓、引き出したままのタンスからも〈ぬっ〉て、手がでてきてさ。その手、まるで『こっちこい』って言っているみたいに手招きするんだよ」

しかもそれだけではない。契約後、大家に無理やり聞き出すと部屋の前の借主は競馬場のトイレで縊死した、あの男性であったという。

「嘘だと思うなら大家に聞いてみてよ。なあ、Hさん、俺はこれからどうすればいいと思う？」

恐怖のあまり泣き出したポンちゃんに、Hさんは「いますぐ赤ペンを捨てろ」としか言えなかったという。

一度は捨てることを承諾したポンちゃんであったが、翌々日に遺体で見つかった。現場はくだんのアパート。第一発見者はHさんである。

「捨てたら競馬場にこいよって言ってあったんだけど、あいつはこなかった。心配になってまた部屋に行ってみたら、マフラーで首をつって……死んでたよ……」

Hさんはすぐに警察を呼んだという。

その後すぐ予想屋仲間の弟子に台をゆずり、引退したそうだ。

約束通り怖い話だったろ――Hさんの問いに頷いてから、私は一番気になっていたことを尋ねた。

「赤ペンはいまどこにあるんですか？」

「……俺が持ってるよ」

おもむろに上着の内ポケットを探ると、Hさんは赤ペンを出してきた。

見たところ、何の変哲もない赤ペンであった。

「まさか……使ってるんですか？」

彼はうなずくと「一回だけ」と答えた。

今度は私が口ごもる番であった。Hさんの話を信じるならば、命の危険があるということなのだが……。

「一人息子の工場がいま危ねえーんだ。予想屋辞めてから宅配やってるけど、それだと助けてやれねえから。最後くらいは親らしいことしてやりてえーんだよ」

私はそれ以上何も言えず、Hさんと別れた。

現在、彼とはまだ連絡は取れているが、取れなくなる日がくるのであろうか。

原稿を書いている途中、一つだけHさんに聞き忘れたことがあったのを思い出した。

ポンちゃんは天涯孤独だったという。部屋中に散らばっていた万札は、警察が持っていったのであろうか。

赤ペンと一緒に、Hさんが持って帰った可能性もあるのではないか。

聞いてみたいが、いまだ勇気が出ずにいる。

【第十八話　樹木医の怪異】

魅入られた者

遭遇者：Tさん（樹木医）

医者には人間以外を診療対象にするものもいる。そう言われてすぐに思いつくのは、獣医だろうか。人間に医者、動物に獣医。実は植物にも専門の医者〝樹木医〟がいるのである。

先日私が出会ったTさんは、その樹木医になって五十年という六十代の男性だ。


「気がついたら、そういう仕事をしていたんだよ」

樹木医として仕事をするには、「樹木の管理や保護、診断や治療に関する業務経歴が七年以上」という条件を満たして、資格を取る必要がある。

Tさんの実家は果樹園で、幼い頃から樹木に関わって生活してきた。果樹の調子が悪くなると、家にあった専門書を読み込み対処してきた。大学も家業のために役立つ勉強ができるところを選んだ。そのうち近所や親戚に樹木の面倒を頼まれるようになり、そうして気が付いたら樹木医になっていたんだそうだ。

どんな仕事にも、仕事仲間というものが存在する。Tさんにも例にもれず、仕事仲間の樹木医がいた。ある記念公園で樹木を診察したときに知り合った男性、Fさんだ。

Fさんは T さんと同世代で、樹木医になるまでの境遇もよく似ていた。人間、共通点があると親しみを覚えるものである。知り合ってからそれほど時間は経っていなかったが、親友と呼んでも何の違和感もないくらい気安い付き合いをしていたという。

ある日、Tさんは F さんから喫茶店へと呼び出された。

夏の暑い日のことだ。喫茶店に入ると、一番奥にある二人掛けの席で、こちら向きに座っているFさんが見えた。ひとまず手をあげて挨拶すると、向こうもTさんに気付き、手をあげてくる。

「どうしたんだ？　相談なんて」

椅子をひき、腰を下ろしながら問いかける。

「まぁ、な……」

Fさんは、俯いたまま何も話そうとはしない。

「黙ってちゃわからないだろ？　相談ってのはなんなんだ？」

Tさんは、話を促すようにFさんの胸を指差した。

「いや、実はさ」と言ってFさんは重い口を開いたのだった。


「二か月くらい前だったかな。近所の○○神社に呼ばれたんだよ。シロアリにやられた木をどうにか助けてくれないかってな」

五分刈りの頭を掻きながら、事情の説明が始まる。

「ま、お前も知ってる通り、シロアリの駆除作業は俺らにはできん。そういう道具も持っていなければ、駆除の経験もないからな。だから、駆除業者に任せたんだわ。餅は餅屋ってな。で、駆除が終わったら、俺らの出番。治療さ。そのときになって、『これ』が出てきてな」

と、テーブルの上に一具の櫛が置かれた。鼈甲《べっこう》製だ。見事な飴色で、褐色の淀みがない。かなり上等な品のようだった。

「すごいな、これ」

つるりとした光沢に魅入られたようにTさんが手を伸ばす。

「やめろ！」

伸ばしたTさんの手は、大声とともに弾かれた。

驚いて友を見ると、血の気の引いた真っ青な顔をしていた。呼吸もひどく荒い。肩を上げ下げするような乱れた息に、異様さを感じ取った。

「変なことがあったもんだ、と思ったよ。大樹に白蟻がウロを作ることはよくあるけど、そのさらに奥の髄《ずい》のとこにさ、それがあったんだ」

髄とは、木の幹の中心にある柔らかい部分のことである。Fさんが言うには、その髄が粘土にでもなったかのように、櫛の歯の細かな隙間までピッチリと木が入り込んでいたそうだ。

「で、まぁ、悪いっちゃ悪いんだけどさ、黙ってそのまま持ち帰っちゃったんだよ。綺麗だったからね。それがいけなかったのか、毎晩寝ていると枕元に……、立つんだよ……」

「立つ？　立つって何がだよ？」

「……女。真夜中に、ふと起きて目を開けるとさ……」

「おんなぁ？　お前、かみさんいたっけ？」

「や、そうじゃあないんだ。舞妓さん……っていやぁわかるかな。ほら、肩上げの着物を着て、ぽっくり下駄を履いてさ」

「あ、あぁ……簪《かんざし》とか挿してる芸者さんか」

「そう。おかげで……、ぜんぜん寝られなくなってね……」

尻すぼみにそこまで話すと、Fさんはまた俯いてしまった。

「立っているだけなのか？」

「悲しそうな顔で何かぶつぶつ言ってるんだよ。顔も真っ青でな。涙まで流してんだよ。ただ、内容までは……」

「櫛が原因だと思うなら、神社に返すなり捨てるなりすりゃいいだろ」

背後の幽霊より、果樹の病気の方がよっぽど怖い。霊のようなモノをまったく信じてこなかったTさんは、うっとうしそうに吐き捨てた。

すると、今度はFさんが身を乗り出した。

「それなんだよ。返したんだ。宮司さんに謝ってさ、お祓いしてくださいって頼んだんだよ。でも、翌朝に枕元に戻ってきてたな」

まさかそんなわけがない。夢でも見ていたのではないか。

「それで今度は捨てたんだよ。燃えるゴミに出した。でも、ダメだった。翌朝には必ず戻ってくるんだ」

夢だったというには、話があまりに具体的だった。

「そ、相談はわかったけどよ。俺にどうしろってんだよ？」

「だよな」

Fさんは乗り出していた身を戻して、テーブル上に置いていた鼈甲の櫛を回収する。

「まあ、話を聞いてもらえただけでも……」

よかった、と続くだろうことはTさんもわかっていた。当然続くと思っていた言葉が途切れて、今度は何かと友の顔を見たとき、Tさんの背筋は凍ったという。

Fさんは途中の言葉もそのままに、手元の櫛をただただ見つめていた。

瞳というものは本来固定ができない。生物なら本来あるはずの揺らぎが、Fさんの櫛を見つめる瞳にはなかった。ちょっと普通ではない。これ以上、こちらから何をいっても櫛を見つめる彼から、返答は期待できないだろう。そこでTさんは席を立った。

それからしばらくして、Fさんが消息を絶った。他の仕事仲間も、まったく見かけないのだという。心配になったTさんは、Fさんの部屋を訪れた。訪ねようという段になって、はじめてTさんはFさんの私生活をほとんど知らなかったことに気が付いたそうだ。

「俺と違って独身貴族でさ。1DKの分譲マンションに住んでいた。親友だと思っていたんだけど、あいつの事、何も知らなかったんだなって思ったよ」

物音はしない。気配もない。インターフォンを鳴らしても応答はなかった。念のためにドアノブを下げて扉を押す。

（ギイ……）

するとすんなり開くではないか。鍵はかかっていなかった。いやな予感に襲われながらも足を踏み込んでみた。

「もぬけの殻だったよ……。家具もないし、カレンダーもない。人が住んでいたとは思えないほど、何もなかったんだ。『枕元に立つ女』が怖くて逃げ出したのか、逆に、魅入られてどこかに連れていかれたのか……」

ただ、とTさんは続けた。

「部屋の真ん中に、これが置いてあってね」

Tさんの左手が、握りしめていた何かをそのままテーブルに置いて、胸元へと戻っていく。置かれていたのは、一具の櫛だった。まだらが少ない、上質な鼈甲製。

「話せてよかった。聞いてほしかったんだ」

触っちゃだめだよ、と笑うTさんの瞳は、櫛を視界の中心に打ち付け固定されたように、ピクリとも動かない。

私にできたのは、今聞いたばかりの内容を反芻しながら、生唾を飲むことだけであった。

【第十九話　弁護士の怪異】

覚えられない

遭遇者：福地さん（弁護士）

「相貌失認《そうぼうしつにん》」とは人の顔が覚えられない脳の機能障害を指す。失顔症とも呼ばれ、目・鼻・口などのパーツは把握できるが、「顔」として全体を見ても誰の顔だか認識ができない症状である。

人によってその症状、また程度の差があるらしく男女の違いがわからない、個人の識別が全くできないといったものから、相手がどんな表情をしているのか読み取れない、近しい人の顔のみ認識できるなど、個々によりかなりの違いがあるという。

相貌失認とまでは言えないが筆者の周囲にも、〈人の顔を覚えることが苦手〉な方々がいらっしゃる。

弁護士をしている知人の福地さんもその一人である。

その彼から大変興味深いメールを頂いたので紹介したい。読者諸兄姉にもわかりやすいよう少しばかり修正を加えているが、可能な限りそのままの文章で記載しようと思う。


ご無沙汰しております。○※□の仕事以来ですが、いかがお過ごしでしょうか。

さて、さっそくですが以前お話すると約束しました、私が唯一体験した怖い話を書きたいと思います。

守秘義務がありますので氏名、事件名などは伏せて記述することをご了承下さい。


私がまだ弁護士業を始めて3年目だった頃の話です。

当時、私は知り合いの紹介で、ある法律事務所の一角を間借りして仕事をしておりました。弁護士業界ではこれを「ノキ弁」と呼びます。他人の軒先を借りる軒先弁護士の略称です。司法制度改革の弊害といってはなんですが、新人弁護士の急増にともない、司法修習が終了しても、法律事務所に就職できない弁護士がいまだに多く存在します。

ノキ弁は間借りさせてもらっている法律事務所に名義上は所属しておりますが、自営と同じです。仕事も自分で探す。その仕事を指導してくれる先輩もいませんから見よう見まね、試行錯誤のすえ、やり方を身に着けました。

賃貸料も事務所に払っていたので、あの頃は必死でした。

ただ、ノキ弁にも利点はあります。事務所によって契約内容は違いますが、私がいたところは什器備品がフルに使え、会議室も貸してくれました。弁護士として無名の私が、大手弁護士事務所に所属しているということも、顧客の信用を得るのに優位に働いたと思います。

まだ開業する資金もない新人弁護士にとって、ありがたい環境でした。

そして私が慣れない営業活動で疲れ果てていたとき、事務所の代表が見かねて仕事を一件、回してくれたのです。

この案件が私の人生観まで変えることになるとは、そのときは露ほどにも考えていませんでした。


クライアントは男性でした。

代表からは配偶者の不倫が発覚したことによる、今後の相談と伺っていました。

しかし、話をよくよく聞いてみるとご自身の不倫を妻に知られ、請求されている慰謝料の減額交渉と財産分与についてのご相談だったのです。

話を聴きながら内容をメモにとっていると、「ストーカーに付きまとわれている気がする。

訴えることはできますか？」と、いきなり話題が変わりました。

不思議に思い顔を上げると、男性の顔が変わっているように見えたのです。

曖昧な表現しか書けず申し訳ないです。

前に話した通り、私は〈人の顔を覚えることが苦手〉なのです。弁護士として不利になる症状なので、日ごろから悩んでおりました。その対策として初めてお会いするクライアントの顔の特徴を、頭の中でまず言語化してそれを覚えるようにしていました。勿論、失礼に当たりますので、顧客ご本人には伝えておりません。


この男性の場合ですと、丸顔、たれ目、団子鼻、小さくて厚ぼったい唇と、ご挨拶のときに大まかに記憶していたのです。

そのとき目の前にいた人は、頬がこけている面長、するどい釣り目、鋭角な鼻筋、薄くて大きな唇という真逆の顔でした。先ほどの温厚そうな印象とは一転、冷たく残虐そうな薄笑いを浮かべておりました。

もしかすると〈人の顔が覚えるのが苦手〉な症状が進行し、〈相貌失認〉になってしまったのではないかと、その場で非常に焦ったことをいまだに覚えています。

気が付くと男性の相談は「亡くなった祖父のスマホを解約したいが、どうすればいいか」に変わっていました。

気を取り直して男性の顔を見ると、今度はまた優しげな元の顔――丸顔、たれ目、団子鼻、小さくて厚ぼったい唇に戻っていたのです。


疲れているせいで、見間違えただけだと思いました。

また、人の悩みは一つとは限りません。この男性も問題を多く抱え混乱し、何から先に相談するべきかわからなくなっているのでは、と考えました。

相談料は三十分、五千円です。決して安くはない値段です。ですから無駄な時間をかけないよう、私はコロコロと相談内容が変わるクライアントに、まず優先するべき事案を聞き、一つ一つ解決していこうと提案したのです（スマホの解約方法は、その場ですぐ説明しましたが）。

やはり一番優先すべき案件は、奥様と離婚する上での慰謝料の減額交渉でした。

男性は慰謝料の支払いに応じる意思がありましたので、減額を交渉する手続きを説明していました。

「実は女友達を殺してしまいまして。どこに埋めればバレないですかね？」

突然、私の説明を遮るように、男性が大声で話し出したのです。

仰天して彼の顔を見ると、また変わっていました。ご想像通り、頬がこけている面長、するどい釣り目、鋭角な鼻筋、薄くて大きな唇に。先ほどの冷酷で残虐そうな印象を受ける顔に変化していたのです。


唖然として何も言えずにいると、彼は慌てて立ち上がり、

「あ、違う、愛人を殺したんだった！」

と、せわしなく頭を掻きむしっていました。その額からは一筋の血が流れていました。

これは不味いと、私はとっさに誰か呼ぼうと、急いでドアに向かいました。

それを阻むように彼は私の前に立ちはだかり、

「いやいやいや、亡くなったのは祖父です！　ガンだったんです！　私が殺したんじゃありません！」と、言い訳をするように叫んだのです。

その瞬間、私は見てしまいました。

男の顔がスライムのように【どろり】と溶けていくのを。

肌の細胞が溶けながら、ボコボコと出っ張ったり引っ込んだり切れ目が入ったりを繰り返していたのです。

この表現では伝わりにくいと思いますので、当時の様子を具体的に書きます。

顔が溶けた男が「違う！　祖母を殴って脅迫したのは私です！」と叫ぶと、鼻がついていたと思われる箇所には鋭角に尖った細胞が突きでてきて、口元周辺は耳のところまで受け月のように切れ目が入りました。そして、たれ目から飛び出していた目玉が急に引っ込むと、今度は目じりが釣り上がってきたのです。

そうかと思えば「私も不倫しましたが、妻が浮気をしたのは本当です！」と大きな声を出しながら、尖った鼻が丸みをおびるように押しつぶされ、耳までさけていた口も最初に見た厚ぼったい唇に戻ろうと、切れ目がふさがっていくといった具合だったのです。

まさしく〈冷酷で残虐そうな顔〉と〈温厚そうな顔〉、どちらが主導権を握るかの闘いのようでした。

話を元に戻します。

これ以上異常な状態に耐えられない――大声を出して人を呼ぼうとしたときでした。

「あれ、ごめんなさい、死体は元妻でした！」

そう叫んだ瞬間、口と思われる大きく開いた箇所から大量の血を流し、男はその場に倒れたのです。

驚愕して後ずさりをすると、耳元で誰かが「この男は死刑になる」と囁いたのでした。

その後、男の大声を聞きつけ事務所にいた先輩、事務担当の女性社員が駆け付けてくれました。

男は元の温厚そうな顔――丸顔、たれ目、団子鼻、小さくて厚ぼったい唇に戻っていて、あれだけ吐いていた大量の血も綺麗に消えていたのです。

すぐに救急車を呼び、男は気を失ったまま運ばれていきました。

後から聞いた話によると、過労と診断されたそうです。

私はこの異常な話を、仕事を回してくれた代表に正直に打ち明けるかどうか迷いました。話したとしても信じてもらえないでしょうし、最悪、私の精神状態がおかしくなったと判断され、〈ノキ弁〉の契約を解除される可能性もあります。

そう悩んだ末、報告せずにいましたが（男の相談にのっているうちに、突然叫びだして倒れたとだけ伝えました）運よく彼は退院しても、私に減額交渉の依頼をしてこなかったのです。別の弁護士事務所に依頼したかどうかは知りませんが、縁が切れると人は忘れていくものです。代表からもそれ以上、追及されずに済みました。

それから数年後、男は逮捕され裁判の結果、死刑判決を受けました。

これ以上の情報はお伝えできません。

あの恐ろしい出来事以来、私も自分の頭がおかしくなったのでは、と疑った時期もありました。

なぜかというと、あれから〈嘘をついている〉クライアントがくると、顔があのときと同じように【どろり】と溶けデコボコと変化し、囁き声が聞こえてくるのです。

男か女かも判別できない声で〈それは違う〉と。

しかし、思い悩む必要はなかったのです。

その声は百パーセント当たり、弁護士の仕事をしていく上で大いに役立っています。

今までは無神論者であった私が、神の存在を信じるようになったのはこの出来事からです。

相貌失認ではないかと悩んでいたことが、嘘のように晴れました。

恐らく、いや、きっと法の番人である私に、神がこの力を授けてくれたと確信しています。

これからも正義の名の元に、つねに弱者の味方であるように努めていきたいと考えております。

【第二十話　塾講師の怪異】

見知らぬ生徒

遭遇者：Sさん（出版業）

Sさんは、今から二十年ほど前、都内の進学塾に勤めていた。

「塾講師といっても、正社員です。大学生や院生がアルバイトでやるのとは、ちょっと違うんですね。拘束時間も半端じゃないし、その対価なんて高が知れてる。今でいう、ブラック企業です。社員の間で、上司公認のいじめもあったので、『超』ブラックですかね」

つくづく厭そうに話すSさんは、当時、社内で良い成果を挙げられておらず、上司から〝自主的に〟辞めるようにいじめを受けていたそうだ。

「あぁ、すみません。愚痴になってしまって。現在は、まったく違う職種に転職しているので、今のは忘れてください」

申し訳なさそうに会釈をすると、Sさんは真面目な顔になって語りだした。

「怪異……、ですよね」

その年、Ｓさんは進学塾に就職した。理科系の教科を受け持つことになったそうだが、配属された先は、スーパー進学塾の教室だった。

「御三家ってご存知ですか？　あ、いや、知らなくても大丈夫です。要は、あることで順位付けをした場合の、トップスリーってやつです。進学塾でいうと、偏差値が高いとか、受験の競争率が高いとかを指すことになりますね。そこを受験する中学生だけを集めた教室に配属されたんです」

ある授業での話だ。

「全員で二十五人いました。渡された出席名簿にも二十五人分の名前が書いてありました。当然ですすね」

授業が始まった直後に、出席を取る。

名簿の一行目から名前を順に呼んでいくと、当たり前だが、返事がある。

「いつもの生徒たちだったはずでした」

しかし、顔を上げて生徒たちを見ると、誰だかわからない子供がひとりいる。

「あれ？　と思いました。だって、名簿の名前は全員知っているのに、目の前には知らない子がいる」

数えるとたしかに二十五人。

では、誰なのか？

もう一度名簿をなぞっていくが、そのときは理解できている。たしかに、この子たちだ。

だが、二十五人の中にひとりだけ知らない人物がいる。

「混乱したんですけどね。でも、それで休講にしちゃクレームがくる。だから、そのときはできるだけ気にしないようにして授業を進めました」

要は、問題を解かせるときは、名前を呼ばずに『じゃあ、キミ』と指せばいいのだ。

Sさんは一応上司に報告をした。だが、まともに取り合ってもらえなかったそうだ。

また、別の日。

「当時、銀行振り込みではありませんでした、授業料。だから、ひとりひとり親御さんから封筒を預かってきていて、こっちで領収書を切るんです」

たしかに二十五人分のお金を保管したはずだった。

授業がすべて終わって、生徒が帰っていく。

全員を見送ってから、その日の集計をするのだが、おかしい。

たしかに、受け取った封筒は二十五封。手元にあるのが、それだ。

しかし、金額が二十四人分でひとり足りない。

領収書の控えを確認すると、二十五人分。

順番に名前を確認していくが、全員名簿と照らし合わせて確認が取れている。

しかし、ひとり分足りない。

記憶では、すべて受け取ったはずなのに。

「もう、よくわかりませんでした。意識ではフルメンバーいるって思っているんですが、どこか変で、ひとりどうしてもしっかり認識できない生徒が存在しているんです。あぁ、月謝の足りない分は、僕のポケットマネーで補完しました。足りないなんて報告しようものなら、上司から何をされるかわかったものじゃありませんから」

とにかく、

『明確に認識できない生徒がひとり、いる』

ということだけは、この頃のSさんに深く刻まれていた。

そんなある日のこと。

「夏期合宿がありました。山奥に六泊七日こもって、勉強だけの合宿をするんです。林間学校や修学旅行のような遊びの要素はまったくありません。ただただ、勉強です。あぁ、そんな厭そうな顔しないでくださいよ」

すみません、と一言いって続きを促した。

「で、その最終日でした」

ある生徒がいない、と騒ぎになった。

帰る際の点呼で発覚したというのだ。

山の中とは言ったが、その実、森の中の施設を借りているだけだ。

遭難のしようがなければ、崖の上から滑落するはずもない。

だが、深い森である。

怪我して動けなくなっている、ということくらいは可能性としてある。

当然、講師たちによる捜索が始まった。

「警察に通報するにはまだ早い」

問題になることを恐れた責任者が、まずは講師たちだけでの捜索を指示した。

「捜索っていっても素人のすることですから、森の中を歩きながら、大声で名前を呼ぶくらいしかできないんですが……」

じゃあ捜索開始、という段で、問題が起きた。

『いなくなったのは誰なのか？』

A君？　いや、B君。違う違う、Cさんだ。え？　D君って聞いたけど？　くちぐちに情報を確かめ合う講師たちだったが、誰ひとりとして、いなくなった生徒が誰かわかっていなかった。

「当然、もう一度ちゃんと点呼確認を取れと指示されるわけです。そうすると、全員いるんですよ。『あれ？』っていっている先生をつかまえて聞いてみると、名簿で名前を呼んだときは、全員から返事があったそうですが、自分で数えてみるとひとり足りなかったそうです。あのときの僕の教室みたいだと思いましたよ」

いなくなった者はいなかった、という結論がその場で出て、全員家路についていった。

「結局、夏季合宿は成功した、ということだけが上司に報告されました」

夏が過ぎて、そろそろ冬が始まろうという頃。

受験シーズンに突入したSさんの教室では、毎晩、濃密な授業が行われていた。

「そのあたりで、あの『認識できないひとり』の噂が、生徒たちの間で囁かれていることがわかったんです。あ、ここ、メモっといた方がいいですよ」

それは、誰かわからない生徒がいる。

――遭難したようなボロボロの服装で。

「すぐに夏期合宿を思い出しました。あのときいなくなったのは、こいつだって」

直感だった。

「そのとき、ちょっと気になって調べて計算してみたんですが、あの合宿場から、もし徒歩でこの教室に帰ってくるなら今くらい時間がかかったんじゃないかって。いや、そんな顔をしないでください」

残された『誰か』が歩いて教室に帰ってきたというのだ。三か月以上かけて。

「おかしな仮定の話で申し訳ないですが、そのときはそう思いました」

夏前と同じ、Sさんに認識できない生徒が復活した。

しかも、生徒たちの間で噂にもなって。

そして、受験が終わった頃のことだ。

「親御さんから、合格通知のコピーが届くんです。直接、お礼を言いにくる方も少なくありません。学校の先生にお礼いえばいいのに」

Sさんには、講師時代に良い思い出はなさそうだ。

「で、一通の合格通知が問題になりました」

封筒に届け先は書いてあるが、差出人の名前がない。

誰だろうと開けてみると、合格通知が入っている。が、無記名だ。

「合格通知は、御三家ではないものの、超有名校のものでした」

少し考えて、『あっ』と思った。

「あいつなんじゃないかって」

あの認識できない生徒も受験していた。方法はわからないが、試験を受けたのではないかと思った。

「ちょっと寂しくなるな、と思いましたよ。一応、自分の生徒ですから。あと、単純に嬉しかったですね。合格してくれて」

「結局、上司のいじめに耐え切れず、そのあと卒業シーズンのときに、講師は辞めてしまいました。今でも、恨んじゃいますが、生徒たちに罪はありませんから、その辺は良い思い出として受け止めてます」

お礼をいって、それじゃあ、と喫茶店を出ようと席を立ったときだった。

「あ、そうそう。その超有名校。その年の一学期から、あるクラスで誰かわからないけど、ボロボロの服をきた生徒がいるって噂になったようなんです。あいつ、あのあとは合格した高校に無事、通っていたみたいですよ」

と嬉しそうな笑顔でSさんが話してくれた。

Sさんは、現在、参考書を出版する会社に勤めているのだそうだ。

【第二十一話　霊園管理人の怪異】

木怪

遭遇者：Oさん（霊園管理人）

三年前、定年退職したOさんは現在、霊園管理事務所に勤務している。

ある日、経営主体である寺の住職から、週末に焚き上げをするから古い卒塔婆を持ってきてほしいと依頼された。

指定された墓が書かれたメモを見ると、Oさんが入所直後から気にしていたお墓も記されていた。

「いえね、気になっていたのはお墓というか、ある一本の古い卒塔婆なんですけど」

まっすぐ立っていられないのです。

ひとりでに動いているというか。

その墓の後ろには何本も卒塔婆が立っていて、転倒防止のため塔婆立ても設置してある。

だが、彼がその墓の前を通るたび、その卒塔婆だけが塔婆立てから飛び出して、墓にもたれるように倒れているという。

「ちゃんと毎回元に戻してました。はじめは誰かのいたずらかな、とも思ったんですけどねぇ。夕方、閉園前に立て直しても、次の日の早朝には、また塔婆立てから出てるんですから。勝手に動いているとしか思えないでしょ」

同僚や住職に相談しようとしたが話せずにいた。卒塔婆が勝手に動いているなど、信じてもらえるはずがない。仮に倒れているところを見せて元に戻し、また次の日に一緒に行き塔婆立てから出ていても、自分がやったと疑われるかもしれない。自分の歳も歳だし、いわゆる別の意味で心配される可能性もある。

「だからしばらくの間、気が付いても元に戻さず放っておきました。というか視界にも入れないよう避けてましたね。気のせいだって思い込むようにしたんです。お焚き上げ供養すると聞いたときは、もうあれを目に入れなくて済むってホッとしましたよ」

墓に行こうとすると、小雨が降ってきた。

平日で朝から曇っていたこともあり、霊園には誰もいない。幽霊が出るなど信じてはいないが、あの卒塔婆のことを考えるとやはり薄気味悪さを感じる。Oさんは早く用事をすまそうと、落ち葉を踏みしめながら足早に歩いていった。

季節は初冬。雨足が徐々に強くなってきた。雨合羽の下はいつもより着こんでいたが、凍えるように寒い。墓にたどり着くとやはりくだんの卒塔婆は、墓に寄りかかるように倒れていた。

かじかんだ手でそれを掴んだ。

字もかすれて読めないほど、ボロボロである。

施主名であろうか、かろうじて裏書の【〇〇美】という字は判読できた。

その卒塔婆に「これから供養するからな。天国行けるぞ」と、拝んでいた。

それにしても寒すぎて震えが止まらない。卒塔婆を持つ手もブルブルと震えている。

ポケットの中の使い捨てカイロを出そうとして気が付いた。

寒さで震えているのではなく、卒塔婆自体がガクガクと揺れているのを。

反射的に押さえ込もうとすると、まるでバネのように前後に激しく揺れ動き始めた。

まるで生き物じゃないか――。そう思った瞬間。

「そうよ」

女の声がして、卒塔婆はシュバッと真上に飛んだ。

飛び上がった卒塔婆は墓の納骨所の蓋に降り立ち、呆然とするOさんの目の前でサラサラと崩れ始めた。

砂粒のようになったそれは、蓋の隙間から納骨所に入っていき、あっという間に影も形もなくなってしまったという。


仰天したOさんは無我夢中で住職の元へ走り、一部始終を話した。

「毎日、飛び出していた卒塔婆？　あの墓にそんなものが？」

Oさんが何よりも驚いたのは、その卒塔婆の存在を誰も知らなかったことだ。住職は元より一緒に霊園を管理しているスタッフも首をかしげていた。

その墓は寺の檀家のものであったが、古い台帳をいくらめくってみても【○○美】という名前の女性が、卒塔婆を建立したという記載はなかった。

住職は先代か先々代じゃないと、因果関係はわからないかもしれないと、説明したそうだ。

ちなみにその檀家さんに聞いても、先祖に卒塔婆供養しそうな【○○美】という女性に心当たりはないという。

「それでもね、私は痴情のもつれでああなったんだと思ってます。絶対に男のいる墓から離れないぞって、女の情念を感じるんですよね」

Oさんは現在も霊園に勤めている。その後、その墓には何も怪異は起きていないと話していた。

【第二十二話　絵馬・卒塔婆製造業の怪異】

巡る因果

遭遇者：野田さん（木製品製造業）

この話を紹介する前に、ある怪異を説明する必要がある。

甲信越地方にある、とある神社の宮司・D氏からこんな話を伺った。

その神社では一年に一度、奉納された絵馬を外しお焚き上げをしているそうだ。

「神社によって違うと思いますが、うちは年末に焚き上げております。二十年くらい前でしょうか、絵馬を外すように申し付けた者が血相を変えて、社務所に入ってきたのです」

聞けば〈どうやっても外せない絵馬〉があるという。

絵馬掛けから取り外そうとすると〈止めろ！〉とでもいうように、前後に激しく揺れ動き、指をはじいてしまうとのことであった。

「そのような面妖なことがあるのかと、耳を疑いました。半信半疑で掛け所に行ってみると、古ぼけた絵馬だけが残されておったのです」

他の絵馬はすでに取り外されていた。古ぼけた絵馬は相当年季が入っているようで、願い事が書かれていたであろう文字もかすれて読めない。

また、絵馬だというのに、何も絵が描かれていなかったそうだ。

不思議に思ったD氏が絵馬を手に取ろうとすると、クルクルと急回転し始めたという。

「まるで〈触れるな！〉とでもいうように、右に回転したかと思うと今度は左に回転して。しばらく眺めておりましたが、止まらないのです。よほどのことがあり外されたくないのだろうと思いまして、その日はそのままにしておきました」

D氏が次の日に行ってみると、その絵馬は消えていたという。

もちろんその間、誰も絵馬には触れてはいない。

伺った怪異は以上である。

前項『霊園管理人』で記述した話とよく似ている。しかも前出の寺とD氏の神社は、同じ市の隣町にあるのだ。

これは何かあるに違いないと寺の住職とD氏に接点を聞いてみたが、お互い存在は知っているものの交流は一切なかった。

何度か現地に足を運び、寺と神社の歴史を伺った。不明な点は郷土資料館で調べてもみたが、両者の共通点は見つからない。

それでも何かあるはずだとない知恵を絞ってみても、出ないものは出ないのだった。

そんなある日、調査することに疲れ果ててしまった私は、寝転がってとあるSNSをスマホで眺めていた。

消耗していたため流し読みであったが、偶然にもある書き込みが目に留まった。

『絵馬も卒塔婆も同じ素材、木でできているのだから――』

最初の一節を読んだ瞬間「これだ!」と起き上がり、すぐさま寺の住職とD氏に連絡をとった。

絵馬と卒塔婆は木でできている。くだんの寺と神社は同じ市内に存在する。ということは、仕入れている製造販売会社も同じだと睨んだのだ。

結果は、予想通り同じ会社であった。

会社名と連絡先を聞いた私は、すぐさま詳細を書き取材のお願いをメールで送った。

しかし〝けんもほろろ〟という感じで「取材にはご協力できません」と、たった一文だけの返信がきただけであった。

諦めきれなかった私は図々しくも、「会社のお得意先である住職の方からお願いしてくれないか」と、寺に電話をしたのである。

ありがたくも住職は快諾してくれたが、彼が問い合わせても「うちではそういう変なことは、起きたことがありませんから」と、断られてしまったそうだ。

確かに、異変が起きてないとすれば取材に協力する意味はない。

ここまでかと諦めて『霊園管理人』の原稿を書き上げた。

その後、他の原稿を書きながら、よく似ているD氏の絵馬の怪異はどうしようかと考えあぐねていると、絵馬・卒塔婆を製造販売している会社社長・野田氏から、私宛に電話がきたのだ。

ここは趣向を変え、電話での会話形式で記述しようと思う。

「もしもし、あなたが取材したいって言ってきた人？　いやさー、困るんだよね。風評被害っていうの？　何にもないのに変な言いがかりつけられたみたいでさ、こっちはいい迷惑なんだよ。

いや、謝られてもさ。本に書かないのはわかってるよ。だけど、変な婆さん会社によこしたでしょ？　何あれ、あんた変な霊感商売でもやってるの？　え、婆さんも知らないし、商売もやってない？〈中略〉……まぁ、無関係ならいいけど……。

昨日、髪の長い白髪まじりの気味悪い婆さんがきたんだよ。

『あんたの商売は呪われてるから、すぐにやめろ』って。

ひい爺さんの代に〈因縁のある土地〉で木を切ったせいだって、いちゃもんつけてきてさ。気持ち悪いから『帰ってくれ』って言っても居座るから、腕を引きずって叩き出してやったんだ。その間ずっと『呪われる』とか『祟りだ』とか、叫ぶからまいっちゃったよ。

え、うちは伐採もやってるよ。

卒塔婆と絵馬の木は、伐採した木で作ってるかって？　いやいや、売り物は全部輸入した木で作ってるから。同じ材木で作らないと、品質が一定しないでしょ。

昔は知らないけどね。それこそ、ひい爺さんの時代ならやってたかもしれないけど。

あ、これ怪談に結び付けて書かないでよ。因縁がある土地で切ったかどうかなんて記録も残ってないし、もうこっちはわからないんだから。

まぁ、とにかくあの婆さんと関係ないならいいや。

それとさ、あんた怪談作家だろ？　どこかお祓いするところ知らないかな。除霊っていうの？

いやいや、怪異とかじゃないよ。でもあの婆さんが、気になることいったんだよ。

『このままだと死人がまた出る』って。一緒に婆さんの話を聞いてた家内がさ、『おじいちゃんの代から長男が自殺してる』って青い顔してるからさ。そう、家内の伯父だね。

俺は婿に入ったから、伯父の件は詳しくは知らないよ。ただ、家内の兄は確かに自殺してる。結婚前に聞いたけど、灯油かぶって焼身自殺したって。何でも大学受験に失敗して、ノイローゼ気味だったみたいだな。

だから俺は偶々重なっただけだって言ったんだけど、除霊したいって聞かなくてさ。

今、お腹に子供がいるから気にしてるんだと思うけど」

野田氏との電話でのやりとりは、約一時間半かかった。

まず、私が怪しい者ではないということを信じてもらうために、かなりの時間を使ってしまったのである。誤解がとけてからは彼も悪いことをしたと思ったのか、あるがままの事実を教えてくれ、仮名で話したことだけ書くならと最終的には本に載せることも許してもらえた（彼は最後まで怪異ではないと否定していたが）。

お祓いの件は、取引先の神社仏閣にお願いしてみてはどうかと勧めてみたが、野田氏の奥方が〈霊媒師の方がいい〉と、難色を示しているらしい。

お腹の子は男児だそうだ。無事であってほしいと祈るばかりである。

曾祖父の代に一体どんな〈因縁のある土地〉で木を伐採したのだろうか。

そしてその木を卒塔婆と絵馬に加工し販売したのだろうか。

よしんばそうであったとしても、なぜ今頃出現したのか。

寺の住職と宮司であるD氏は卒塔婆と絵馬のボロボロの状態からみても、ずっと前からあったとは考えられないとおっしゃっていた。

謎は深まるばかりである。

【第二十三話　出会い系サイトのサクラの怪異】

画面の向こう側

遭遇者：Sさん（元出会い系サイトのサクラ）

これは、Sさんという二十代の女性の話だ。

彼女は一時期、出会い系サイトのサクラをやっていたのだという。


「出会い系サイト？」

よくわからないので詳しい内容をSさんに聞いてみた。

「掲示板ですよ。どこに住んでて、どんな男性がタイプか書き込むんです。『自分の写真』も一緒に貼り付けて。そうすると掲示板経由で男性からメールがくるんです」

Sさんが、ファミレスのテーブルを挟んだ向こう側で、チョコレートパフェをつつきながら説明をする。

「それだと商売にならないんじゃないですか？」

単純な疑問だ。掲示板で趣味仲間を募集するのとなんら変わりない。

「メールは必ず掲示板経由になるんです。SNSのメッセージ機能みたいな感じで。ポイントを使って送ったり受け取ったりするんです。で、そのポイントはクレジット決済とかで買うんです。ひとりで月に何万円も使う人もいますね」

「そんなにポイントって高いんですか？」

「いえ、メール一通出すのに百円です。千ポイント千円なんで、一度に課金する平均額は三千円くらいだと思います。だから『会いたい』『会おうよ』っていう男性に対してダラダラとメールのやり取りを引き延ばす必要があるんです。そうすると自然に高額使っちゃうんですね」

なるほど。彼女の仕事というのは、男性にポイントを無駄に使わせることなのだ。会うつもりは端からない。相手に思わせぶりなメールを送って、何通も送受信を続けさせるのだろう。ここで、疑問が浮かんだ。

「でも危ないんじゃないですか？　結局会わないで恨まれたりしませんか？『自分の写真』を貼って、街中でばったりということもないとは言い切れないし」

するとと、一瞬驚いたように目を見開くと、彼女はころころと笑いはじめた。

「絶対ないですよ、危ないことなんて。だって、写真は他人のをさらに加工したやつですもん」

聞くと、雇い主がどこからか持ってきた写真を、さらに本人も自分だとはわからないくらい加工した画像を掲示板に貼り付けるのだという。

彼女は架空の美人を自分だと相手の男性に思い込ませていたのだ。

しかも、一枚だと怪しまれるので角度や表情を変えた画像を何枚も用意するのだという。

「そういう意味ではセキュリティがしっかりしてるんですね。じゃあ、怖い体験というのは？」

「それが……」

〝怖い体験〟という言葉がスイッチになったのか、彼女が急に表情を曇らせた。

「あの……、死んでる人からメールもらったことってありますか？」


去年の夏のことだ。

Sさんは友達の紹介で、出会い系サイトのサクラのアルバイトをすることになった。

時給も他のバイトに比べるとよく、どちらかといえば水商売に近い金額がもらえた。

「メール送るだけなのに、こんなにもらっちゃっていいのかな？　って」

だから、というわけではないが、彼女の遊び方も日増しに派手になっていった。

「週払いだったんで、すぐお金が入ってくるんですね。それで毎週クラブ通いするようになって」

遊びを覚えると、服装も派手になり、生活リズムも乱れていった。

朝帰りが多くなった彼女を心配して、妹もクラブにくるようになった。

「姉妹でルームシェアしてたんです。けっこう真面目な妹で。クラブでも場の空気を壊さないように友達と一緒に遊んでました。で、終電間際に『一緒に帰ろ』って腕組まれて駅まで引きずられて。本当、真面目ですよね」

迷惑そうに笑って彼女は、話を続けた。

「バイト始めてから二か月くらい経ったときだったかな。メールもらったんです」

いつものように自宅でノートパソコンを開いてサイトにログインする。どこでメールのやり取りをしても履歴が残るため、使わせたポイントの量もわかる。その多さで時給や評価が変わる。終電を逃して入ったネカフェからすることもあった。

「最初は他の男性と変わらないような内容でした。写真を褒める言葉が並んでたと思います。そのあと、他の画像も送ったりして、できるだけ引き延ばしました」

誰とメールのやり取りをしても流れは変わらない。男の人ってみんな同じだな、と彼女は思っていた。

　メールは何日か続いた。

「でも、その人、個人情報をたくさん教えてくれるんです。年齢や職業は最初のメールにあったかな。あと、自分は△△区で独り暮らししてるとか、家族構成とか、趣味とか」

趣味の段になって、『○○ってクラブで騒ぐことだよ』と書かれて初めて思い至った。

「あれ？　A君じゃないのかなって」

毎週のように行くクラブの常連で仲良くなったA君という男性が、このメールを送ってきている人じゃないかと思った。

だが、彼はクラブ仲間たちの中では、おとなしく真面目な青年だ。出会い系サイトを利用するような人には思えなかった。

「まさか、と思って画像を送って欲しいってお願いしたんです、そしたら」

　案の定、送られてきた画像はA君のものだった。

「うわー、悪いことしちゃったなって。こんな意味のないことにお金使わせちゃってって」

罪悪感はあったものの、仕事なので止めることはできない。彼女はそのまま素知らぬふりで連絡を引き延ばして行った。

「それで最後、やっぱり『会おう』ってなるんですよ」

サクラによって手口は様々だそうだが、彼女は『別の男性と交際することになった』という一文で自分のアカウントを消してしまうそうだ。

A君をブロックすると、別の新しいアカウントを使われて粘着されてしまう。だったら、自分を消して新しい自分を作れば良い。どうせ写真も偽物なのだ。

Sさんは『ごめんなさい』と一言だけ送ると、自分のアカウントを消去した。

友達まで騙して、自分は何をやっているんだろう？　という気持ちになった。良心の呵責を感じて、気分が落ち込んでいった。

A君はクラブにいるだろうか？　彼に謝りたい。

みんなに会いたくなって、一週間ぶりのクラブに顔を出すことにした。


クラブに着くと、いつもつるんでいる仲間たちがどこか暗い。グスグスと泣いている女の子までいる。

「え？　どうしたの？」

Sさんは不安になって一番近くに座っていた友達に聞いた。

「さっき、A君が先週事故で亡くなったって電話があって……」

友達はそれ以上しゃべらなかった。見渡すと、全員が悲痛な面持ちでいる。嘘やドッキリとは思えなかった。

「でも……！」

『さっきまで』と言いそうになって、口を噤む。クラブ仲間にもバイトのことは内緒だった。


——翌日。

無理を言って雇い主に送受信の履歴を確認してもらうと、たしかに送信元は同じところからということがわかった。

A君の死後、A君の部屋から別人が送ってきたとも考えたが、そんなことをする人がいるだろうか。自分のアカウントは消してしまったのだから、もうそれ以上たしかめる術はなかった。

薄ら寒く感じたSさんは、サクラのバイトを辞めることにした。冷静になって考えると、インターネットの向こうからメールしてくる人だって、本当は何者なのか誰もわからない。

それはとてもおぞましいことだと思った。

紹介してくれた友達に一言断っておかないと、後々トラブルになると思って、さっそく友達に電話をした。

「もしもし？　寝てた？　ごめんね」

深夜の電話に不機嫌な寝ぼけ声で出た友達に謝ってから、本題を切り出した。

「実は、紹介してくれた、あれ。辞めようと思って。妹も心配してるし」

せっかく紹介してくれたのだ、もっともらしい理由が必要だ。彼女は、妹のせいにすることで、直接非難されることを避けようとした。

文句くらいは言われると覚悟してスマホのスピーカーから少し離して心構えした。

「え？　あんた、妹いたっけ？」

返ってきたのは、なんとも変な言葉だった。

何度も自分の部屋に遊びにきた友達だ。妹が実家に帰っているときは、彼女に許可を得てから友達にベッドを使ってもらった記憶もある。

「何度も会ったことあるじゃない」

「いやー、初耳だよ」

と微妙な受け答えのあと、「Sちゃんって妹いたっけ？」と電話の向こうで友達が誰かに聴いている声がする。「え？　あ、そうだよね」という声がして、

「ごめん、YとUにも聞いたけど知らないってさ」

そんなはずはない。YとUといえば、昨日こそ二人とも来ていなかったが、クラブでよく一緒に遊ぶ友達だ。終電を逃したから泊めて欲しいと、家に何度もきたことがある。

「そこにYとUがいるの？　じゃあ、聞きたいんだけどさ」

そんなはずはない。ちゃんと聞けば、期待した答えが返ってくるはずだ。

Sさんは、友達にスマホをスピーカーにするよう頼んで、直接YとUに話しかけた。

「ほら、いつもあたしとクラブに来てたじゃない。終電近くなると、『朝まで飲むぞー！』ってみんな騒いでるのに、あたしを引っぱって帰っちゃう子いたでしょ？」

「………」

電話の向こうで、三人が絶句したのがわかった気がした。

しばらく静寂が続いた次の瞬間。

「それってA君だよね？」

「…………、え？」

それが精一杯だった。

耳をあてているスピーカーから、

「A君、真面目じゃん。女の子が終電なんてダメだとかいってSのこと連れ出してたの、覚えてないの？　あれ、絶対Sに気があったよね〜」

と聞こえてくるが、脳まで届いていないのか、遠くで誰か知らない人が話しているような錯覚に襲われていた。

A君の死を知らない彼女たちは、口々にSさんを冷やかすと、「バイト辞めるのはわかったよ」といって電話を切った。

スマホをテーブルに置くと、妹の部屋の前まできていた。

いやいや、何かの間違いだ。彼女たちは、勘違いをしているだけだ。

その証拠に、ほら。

一瞬、躊躇ったが、取っ手を勢いよく引いて襖を開ける。

きっと妹が困った笑顔で、「もう！　開けるなら一声かけてよね！」と振り返ってくることを期待していた。

しかし、現実には、生活の気配がまったくないガランとした部屋が広がっていた。

「え……？」

またしても、それしか声が出せなかった。

ココアを溢してシミを作ってしまったラグ。化粧品で他のものが置けなくなったテーブル。山のように積まれたぬいぐるみ。

記憶にはちゃんとあるのに、嘘のように何もない空間。

耳が痛くなるような静寂に、Sさんは思わずしゃがみこんでしまった。

――と。

あることを思いついた彼女は、小走りに自分の部屋へ戻るとスマホを拾い上げた。だが、震えているのかしっかりと握れない。

どうにか手に取って、手帳型のケースを開けて画面を開く。連絡先を呼び出して、母親に電話した。

一回、コールが鳴る。呼吸が荒い。

「はい、もしもし？　珍しいわね、そっちから電話してくるなんて。元気？」

「あっ！　お母さん？　あのね、あのね、変な事聞いちゃって悪いんだけど、あたしに妹いるよね？　一緒に住んでる妹！」

一気に捲くし立てる。きっと『何言ってんのよ』と笑い飛ばしてくれるはずだ。今はその笑い声だけでもありがたい。

「……」

半笑いになりながら、母の笑い声を待つが、何も応えてくれない。

じっと耳をすますと、しゃべらない母の呼吸が荒くなったような気がした。

「あんた、思い出したの？」

母の話はこうだった。

Sさんが二歳のとき、母に赤ちゃんができた。

月日が経って、性別がわかるようになったとき、医者に頼んで教えてもらったのは、おなかにいるのは女の子だということ。

しかし、難産になり最後は死産になってしまったこと。

そして、Sさんが独り暮らしをするようになってから、母が毎日、朝と晩に妹の位牌に姉がどうか無事で過ごせるようにお祈りをしていたこと。

母は泣いているようだった。

今までのことを母に話すと、

「たぶん、あの子があなたを守りに出てきてくれたのかも知れないね」

と涙声で話してくれた。


「母のいうこともわからなくはないんですけど」

先ほどまで、楽しそうにパフェをつついていた彼女とは別人のようだった。

穏やかに微笑んではいるが、その目の奥はまったく笑っていない。

「A君の方は何かわかったんですか？」

妹の話を続けるのはまずいと思ったので、話題をもうひとつの怪異に戻してみる。

「あぁ、A君ですか？　今もこうして……」

と言いながらスマホの画面をこちらに向けてきた。

「メアド変えても変えても『会おう』って連絡がくるんですよ。妹と一緒にいるから三人で遊ばないかって」

すっと、スマホの画面を下にしてテーブルに置いたかと思うと、Sさんが続ける。

「でも、もし妹が守ってくれていたなら、出会い系で遊ぶようなA君って妹にあの世へ連れていかれたんじゃないかって思うんです。だから本当に『妹と一緒』なんだろうなって。ただ、仲良く一緒なのかどうかは……」

今は真面目に仕事をしているのだとSさんは言っていた。

【第二十四話　証明写真機メンテナンス業の怪異】

神隠し

遭遇者：木ノ崎さん（製造業）

これから記述する内容は、慎重に扱われるべき事案である。そのため場所と年代を伏せ、会社の部署名、個人の名称等もフェイクを入れてお伝えすることをお許し願いたい。

「修理に行ったら、その証明写真機に都市伝説があるんだっていってきましてね」

出だしから興味深いことを話し出した木ノ崎さんは、ある証明写真事業会社で働いている。今は別の部署に在籍しているが、以前は証明写真機のメンテナンス・修理事業に従事していた。その頃起きた出来事である。

「まぁ、私はそのときも管理職だったんで、普段メンテナンスや修理はしてなかったんですよ。でもあのとき、修理の依頼を受けてしまって」

ある日の午前中。その日は朝からやけに忙しかった。

木ノ崎さんが月末決済の書類に目を通していると、電話が鳴った。事務担当者は他の電話を受けている最中で、誰も出られない状態であった。

「嫌な予感はしました。修理の依頼かなって。その日はルーチンのメンテナンス日で、担当者全員が出払ってたんですわ」

もしそうなら仕方がない、俺が行くか。

久しぶりだが、そこは昔取った杵柄。腕は衰えていないだろうと電話に出ると、やはり修理の依頼であった。

電話の主はとある郊外にある、当時オープンしたばかりのショッピングセンターの従業員であったが、「修理も必要だと思うんですけど……」と、妙に歯切れの悪い言い方をしてくる。

木ノ崎さんはとりあえず、今どのような状態かを聞いてみた。

「いや……お客様がよくわからないことをおっしゃっていまして……」

「わからない、というのは……」

「それが、撮影したら違う人の写真が出てきたそうなんです」

「は？」

その客は昨日の深夜、撮影した人物とは違う別人の写真が出てきた、前に撮影した人の画像ではないかと、サービスカウンターに来て一向に帰らないらしい。

「以前、撮った人の写真がでるなんて、ありえるんでしょうか？」と、店の従業員も困惑気味であった。

「当時の機種ってこともありますがね、もともと画像データを残す仕様で作ってないんです。だからメモリーが足りなくて、前の客のデータなんか残りませんよ。ありえないことなんです」

その客は、修理を依頼しますが時間がかかるため返金します、と説明しても一切応じず「とにかく証明写真機会社の責任者を呼んでくれ」との一点張りだそうだ。

「ちなみにお客様は、その〝別人が写っている写真〟は、お持ちなんですよね？」

「いえ、それがなくしてしまったとかで、お持ちでないと……」

「ああ……」

おそらく、いちゃもんをつけたいだけのクレーマーだな。

木ノ崎さんは気が重かったが、断るわけにもいかなかった。

「通常なら、その手の苦情はカスタマーセンターにまわしますよ。でも、修理する箇所が他にあるかもしれないって、お店の人もあやふやなことを言ってたんでね。もしあったら二度手間になるでしょ」

それに加え、客は「責任者を呼んでくれ」と言っている。その旨をカスタマーセンターの責任者に伝えれば、そっちでどうにかしてくれとごねられるのは目に見えていた。

幸いというのもなんだが、当時木ノ崎さんは課長職に就いていた。

まぁ、行って丁寧に説明すれば何とかなるだろう。

部長にだけ報告をし、彼はその場に向かった。


事務所内の応接室に行くと、大柄で無精ひげを生やした男が待っていた。

想像していたよりも若い。おそらく大学生くらいだろうと、木ノ崎さんは思った。

同室にいた従業員は、あとの対応はお任せしますと逃げてしまった。

「写真機の前で説明しますから」と、その男は挨拶もそこそこに、木ノ崎さんを促すように足早で事務所を出ていった。

「とにかく彼は焦ってたんでしょうね。まぁ、足が速くて着いていくのがやっとでした。でもね、証明写真機に向かってる最中も気になってたんですけど、そのショッピングセンター、オープンしてから日も浅いのに客がほとんどいなくてガラガラだったんですよ。平日の昼間でしたけど、それにしてもやけに人が少なくてね……」

そのショッピングセンターはA館とB館に分かれていて、その間に休憩ができる広場がある。建物自体は夜十時に閉まってしまうが、その広場は深夜でも出入りが可能であった。その広場の一角に、証明写真機が一台設置されていたのだ。

クレーマーの対処は、先に思いっきり苦情を話させたほうがいい。たとえその話が支離滅裂であっても黙って真摯に最後まで聞くと、不満を全て吐き出しスッキリするのかあっさり帰っていく客が多いという。

木ノ崎さんが事情を伺おうと口を開いた途端、男が話しだした。

「この写真機、ヤバイって知ってたんスか？　都市伝説があるって」

「はい？」

都市伝説とは一体……。

「店員から聞いてねえのかよ！」

怪訝そうな顔をしたのが伝わったのだろう。男は急に口調が変わると、いきさつを早口で語りだした。

昨日、大学の講義が昼過ぎに終わった男は、普段どおり同じ学生の彼女と学食で昼食をとっていた。

「あ、そういえばさ、激ヤバの証明写真機があるって聞いた？」

途中、彼女が思い出したように話題をふってきた。このショッピングセンター内の証明写真機で写真を撮ると、撮影した本人が〈神隠し〉にあうという都市伝説があるらしい。

「神隠し？　ないわー」

「有名らしいよ。深夜〇《れい》時ジャストに撮影ボタンを押さないとダメなんだって。マジでありそうじゃない？」

乗り気ではなかったが彼女がどうしても試してみたいというので、夜十一時台にはこの広場に来ていたという。

男は全く信じていなかったが、なんとなく彼女にやらせるのも気が引けた。

写真を撮って友達に見せると息巻いていた彼女を説き伏せ、自分が証明写真機に入ったという。

「〇時ジャストにボタンを押せるように、前もってお金を入れた。で、俺が証明写真機の椅子に座って時間がくるのを待ってたら彼女が入ってきて。やっぱ自分がやるって手をひっぱるからさ」

そんなにやりたいならと、彼女と交代した。

どうせ〈神隠し〉なんかあるわけない。待っている間、友人にメールを送っているとカタンと写真が出てくる音がした。

あれ、もう○時過ぎたのか。

シャッター音もしなかったのに、変だな……。

男が振り返ってみると、彼女はすでにそこにいなかったという。


「証明写真機ってカーテン閉めても足が見えるだろ。でも、足が消えてたんだ……」

急いでカーテンを開けてみたが、やはり彼女の姿はない。

そんなバカなことがあるもんか、きっと彼女のいたずらに違いない、俺がメールしているうちにそっと出て、どこかに隠れているに決まっている。

そう考え携帯で彼女に電話を入れてみた。呼び出し音は鳴るが、一向にでない。

慌てた男は広場の隅々を探してみたが、どこにもいなかったという。

「落ち着け落ち着けって、自分に言い聞かせながらこの写真機の前まで戻ったんだ。そしたら証明写真が出ていたのを思い出して」

写真を取り出してみると、髪を七三に分けた見知らぬ中年男性が写っていた——。

「お前の会社が作ったんだろ、責任とれよ！　今すぐ彼女を返してくれ！」

男が急に詰め寄ってきた。

「いや、ちょっと待って下さい！　いきなりそんなことを言われましても……」

とてもじゃないが、こんな話を信じられるわけがない。電話で対応した従業員が何も言わなかったのも、都市伝説云々と説明しづらかったのだろう。

「……あのう、その例の写真はいまお持ちではないんですよね？」

木ノ崎さんはしどろもどろになりながらなんと言っていいのかわからず、とりあえずその中年男性が写っていたという写真の在りかを尋ねた。

「彼女を探してたら、いつの間にかなくなってたんだよ！　上着のポケットに入れたはずなんだ！　彼女を一晩中探しても見つからないし、どうしようもなくなってここにきたけど、説明してる途中でないことに気が付いたんだよ。証拠として店員に見せようとしたら、なくなってたんだああああ！」

最後、絶叫するかのように叫ぶと、男は地面に座り込んでしまった。

夜通し彼女を探していた疲れと、行方がわからない不安で押しつぶされそうになっていたのだろう、男の目にはうっすらと涙が浮かんでいた。

話の内容は非現実的でにわかには信じ難いが、彼の様子を伺っていると嘘をついているとか、妄想癖があるようにはとても思えない。

「……警察に行かれたほうがいいと思います」

木ノ崎さんはこの証明写真機では、以前撮影した人の写真が出るのはあり得ないことだと丁寧に説明をし、早々に行方不明になった彼女の捜索を依頼するべきだと説得した。

「……こんな話したって、信じてもらえないよ」

どうせあんただって、嘘だと思ってんだろ——。

男はよろよろと立ち上がると、そう捨て台詞を残しその場を去っていった。

「それから他に修理する箇所がないかと、点検して帰りましたよ。どこも壊れていませんでした。彼はそのあと警察に行ったそうです……。え、何で知ってるかって？」

警察がきたんですよ。

彼の件で事情を聞きたいと。

半月ほど経った頃であった。午後、仕事をしていると二人の刑事が、木ノ崎さんを訪ねてきたのである。

聞きたい内容はすぐにあの男のことだとわかった。

会議室に案内をし、ショッピングセンターでのやりとりを一部始終話すと、刑事たちはある写真を出してきた。

「この女性を見かけたことはありますか？」

どこかの公園で撮ったのであろう、色白で緩いパーマをかけた茶髪ロングヘアーの女性が、ベンチに座り笑顔で写っていた。

「いえ、一度も。もしかしていなくなったという彼女ですか？」木ノ崎さんが質問すると刑事は頷き、いきさつを簡単に説明してくれた。

男は木ノ崎さんと別れたあと警察に行き、捜索願を出したらしい。

「そのとき、様子がおかしくてね。都市伝説がどうのこうのと言い出したから、係員の警察官が彼女の両親の連絡先を男から聞き出したんだ。母親は驚いて地方からすぐ出てきたよ。それで彼女が失踪したのが確定してね。そのあと父親もきたけど、ずっと男と揉めてたみたいで。はっきりいうと両親は男のことを疑っている。こちらも事件性があると判断して捜査しようとしたら、男の行方も昨日からわからなくなった。だから今日、お話を聴きにきたんですよ。ショッピングセンターの人から、あなたが対応したと伺いまして」

あの男も失踪した――。

「男が行きそうなところなんて、知らないですよね？」

もう一人の刑事が念のため確認してきたが、唖然とした木ノ崎さんはただ首を横に振るしかできなかったそうだ。

「まさか、そういう展開になっていたとは想像もしてなかったです。だから刑事さんたちが帰ったあと、気になって気になって。会社の帰りに行ってみたんです、あのショッピングセンターに」

溜まっていた仕事を後回しにし、木ノ崎さんは定時に上がって現地に向かった。

このショッピングセンターにはレストランフロアもある。だがどうだろう、夜七時を過ぎたばかりだというのに、相変わらず客はほとんどいなかった。平日だということを差っ引いても、その閑散とした様子はどことなく不気味であったという。

広場に向から途中、行くか行かないか繰り返し自問自答した。

自分はあの男とは何の関係もない赤の他人だ、あのときクレーム対処をしただけだ、これ以上、首を突っ込む理由はないはずだ。

そう考えているうちに、いつの間にかくだんの証明写真機の前にいた。

その証明写真機内には、写真をプリントした数が記載されるカウンターがついていたが、当時の機種では撮影した時間まではわからない。

俺は何を確かめたくってここにいるんだ。あれから半月も経っている。今更、プリント回数なんて確認したところで、あの男が深夜0時に撮影したかどうかなんてわかるわけがない。

木ノ崎さんは思い直して帰ろうとした、そのとき。

写真の取り出し口に、何か紙のような物が引っかかっているのが見えた。

胸がざわざわする。脂汗が額ににじんできた。おそらくプリントされた写真が詰まってしまったのだろう。自分はメンテナンス事業部にいるのに、この紙詰まりを直さない方がいいと直感が働いていた。でも、どうしても確かめずにはいられなかった。

木ノ崎さんは震える手で、写真を引っ張り出してみた。

くちゃくちゃになったフォト用紙に写っていたのは、〈あの男の彼女〉であった。

「彼は〝彼女を撮影したのに中年男性の写真が出てきた〟と話していたでしょ。で、昨日から行方がわからなくなったって刑事さんから聞いて、まさかと思ったんです。彼から聞いた都市伝説の内容は〇時ジャストに撮影ボタンを押すと、〈神隠し〉にあうというだけのものでした。でも、中年男性の写真が出てきた。ということは――」

もしかすると、都市伝説を試したら、つまり〇時ぴったりに撮影したら、その人が〈神隠し〉にあうだけじゃなくて、その前に〈神隠し〉にあった人の写真が出てくるのかも、と考えたんです。繰り返し、この現象が起きるんじゃないかって。

そのあと、木ノ崎さんはすぐに写真機内部にあるカウンターを確認した。前に点検したときよりも三回、プリント回数が増えていた。点検したとき見忘れたとしても、彼女の写真が詰まったままだと、次の撮影者のプリントは出ないはずだ。

「つまり最初の二回は、〇時以外に撮ったもの。そして最後の一回は、〇時に撮影した……私はね、最後に撮影したのは彼じゃないかと思ってるんです。いや、私のこの説が正しいかどうかもわからないし、未だに全て信じているわけではないんですよ」

ただ、彼女にどうしても、会いたかったんじゃないかな……。

あのとき見た彼の様子を思い浮かべると、どう考えてもそうとしか思えないんです。

木ノ崎さんはその足で写真を持って警察に行った。

一人の刑事は「あなたまであの男のたわごとを信じるんですか？」と、鼻で笑っていたが、もう片方の刑事は神妙な顔で聴き取りをし、参考資料として写真も預かってくれたという。

だが結局、事件は未解決のまま、そのショッピングセンターも数年後に閉鎖した。

「あれから都市伝説を試した人はいなかったと思いたいです。あの男の一件以来、その手の修理の問い合わせはありませんでしたから。その都市伝説がどこまで広がっていたのかもわかりません。ただね、ネットで検索しても出てこなかったし、少なくとも私の周りは誰も知りませんでした。ただね、後から営業部の同僚たちから聞いた話によると、あの土地は〈いわく憑き〉だったみたいです」

ちなみに証明写真機はリース契約である。設置場所を探すのも営業部の仕事だそうだ。故に、問題のある土地にまつわる因縁話が、よく噂されるらしい。

その営業部にいた同僚たちから、彼が聞いた話をここに記す。

・ショッピングセンターが建つ前、広大な畑の中にポツンと一軒家があった。その一軒家には古井戸があり、どうやらお祓いをしないまま埋めてしまったらしい。
・その一軒家の女主は巫女と自称し、夜な夜な狐祓いをしていた。深夜に車で前を通ると、人の悲鳴が聞こえてくると噂があった。
・あの地はその昔、処刑した囚人の埋葬地だった。

これらのことが、くだんの〈神隠し〉に影響しているかどうかは不明である。

木ノ崎さんは今でも折に触れ、あの一件を思い出すという。

「後悔してるんですよ。あのとき、何でもっと親身になってやれなかったのかって。初対面とはいえ、何かできることがあったんじゃないかって。一人の若者が、いや、正確には二人ですけど、行方がわからなくなったんですから」

話し終えた木ノ崎さんは、深いため息をついていた。

【第二十五話　路線バス運転手の怪異】

職の矜持

遭遇者：Ｉさん（バス運転手）

Ｉという友人がいる。

彼は、小学生からの夢を叶えたことで同級生の間では有名な男だった。

小学一年生の頃から、バスの運転手になると言って、ことあるごとにバスの話をしていた。

もちろん、写生会ではバスの絵を描くし、休み時間にはバス図鑑を広げる。

バス遠足では一番前の席に座って運転席を凝視するほどのバスマニアであった。

当時、同級生たちは、そのよさが理解できなかったが、彼の情熱を前向きに応援していた。

その彼が有名になったのは、二十五歳になったときの同窓会だった。

恩師に就職の報告をすると、驚いた声を皮切りに一躍、場の主人公になっていった。

場所は、Ｉからの希望で伏せる。

現在、Ｔ県Ｍ市で路線バスの運転手をしているＩは、去年の同窓会の席で、

「怪談作家やってるって聞いたよ。怖い話を集めているなら、僕の話を聞いてくれない？」

と、水が注がれたグラスを手に話しかけてきた。

田舎の同窓会である。噂話が早いな、と思いつつ、彼に続きを促してみる。


Ｉが、その路線バスの運転手をするようになって二十年くらい経った一昨年のことだ。

最高気温三十六度。

「エアコンも気休め程度にしかならないような暑さでさ。一日七時間、百キロも運転すると身体がだるくて」

その日は駅前からバスの営業所までを往復する系統を走っていたという。

「で、最後、行先表示器を赤にして営業所に戻る系統を運行してたのね」

要は、終バスということだ。Ｉは、会話の中にちょくちょく一般人にはわからないバス業界の専門用語を入れてくることでも有名だった。

「終点停留所まで、あと三つほどだったかな。もう車内にお客さんがいなくて気楽だったんだけど、ひとり乗ってきたんだよ」

先には自分の勤める営業所しかない場所だ。住宅街はとっくに通り過ぎている。

経験則でいうならば、もう誰も乗ってくるはずはない。

「どこに行くんだろう？　とは思ったけど、いちいちそんなの気にしてられないし」

客は、中乗り正面、Ｉの後方席に座ったようだった。

郊外を走っていて、視界に入るのは間隔が大きく開いた外灯くらいだ。後続車も対向車もいない。

「いつもは住宅街横の停留所に着くと、お客が全員降りるんだよ。その先は農家と終点の営業所だけだからね。がらんとした車内になるはずだった。けど、誰かが乗ってきた。だから……」

だから緊張した。Ｉの日常ではないのだ。

どこで降りるともわからない客がいる。農家の人には思えなかったし、ましてや同僚なんかじゃないのは自分が一番よくわかっている。

車内照明で明るいとはいえ、外は申し訳程度の外灯があるくらいだ。視界の闇も手伝って、鼓動が大きくなる。Ｉのハンドルを握る手にじんわりと汗が滲む。

何かあっても助けを呼べない。

営業所に無線で連絡することもできるが、すぐ助けがくるわけでもない。目に映る暗闇に、身震いがした。

「不安になっちゃったんだよね。それで、思わずミラーでお客を見たんだ」

運転手はバスのそこかしこに取り付けられたミラーで——一部死角になるものの——、車内をほとんど見渡せる。

すると、運転席から四席ほど離れたところに二十代であろう女性が座っていた。

女性は、ショートカットの髪型に白いTシャツを着ている。

「ちょっと安心したよ。女性というのは場を和ませるね。もし犯罪者だったとしても、一対一なら殺されるなんてことにはならないだろうって」

だが、完全に不安が消え去ったわけではない。

自分でもわかるほどに、その女性を何度も見てしまう。

何度目か、後ろを気にしたときだ。

Iは自分の目を疑った。いや、信じたくなかった。

満席なのだ。

立って、つり革や手すりにつかまっている者はいない。しかし、席がすべて埋まっている。

全員が俯いていて顔が確認できないが、おそらくはみな老人であろう。その老人たちが、一言も声を発せず、ただ黙って座っている。不思議なことに、バスが左右に揺れても老人たちの体はまったく動かない。

「嘘だろ？　と思ったね。運転席の右横にドア開閉用スイッチがあるんだけど、思わず確認したよ。肘でも触れてドアが開いたんじゃないかって」

そんなことは無意味だとすぐに気付いた。

今は走行中なのだ。

仮に、ドアが開いたとしても、走るバスに、こんなに大量の人間が乗ってこられるわけがない。ひとりだって無理なはずだ。

無意識にアクセルを踏む右足に力が入る。

ここから営業所までは直線での一本道だが、まっすぐに走れる自信がない。手のひらは汗をびっしょりかいており、ハンドルを正常に握れていないのが自分でもわかった。

「気にしないで」

次の停留所まであと少しのところで、話しかけられた。

声の方向を見ると、あの女性客がすぐ隣に立ってこちらを見ている。

『走行中は手すりや吊り革につかまるか、着席をお願いします』

頭の中で、何万回とアナウンスしたフレーズが流れるが言葉にならない。

「唖然としちゃってね。『お、お席に』としか言えなかったよ」

Ｉは席に戻るように求めたが、女性はそんなことはかまわず、

「この人たち、営業所で降りるつもりみたいだから。何かされる心配はないよ。あ、それとあたしは次の停留所で降りるんで」

と親しげに微笑んでくる。

（何を言ってるんだ？）

疑問には思ったものの、何も言い返す言葉が思い浮かばない。

Ｉは、正面に向き直ると、バスを左に寄せて次の停留所に停まった。

「じゃ、本当に気にしないで。あたしも偶然乗り合わせただけだから、最後まで付き合えないけど」

そう言い残すと、女性客は降りて行ってしまった。その背中を見送りながら、「あぁ、この人にはきっと霊感があるのだ」と変な確信を持った。

そのあとは、もう必死だった。

何百回と走った系統だ。オービスがないのは知っている。こんな田舎道にパトカーが潜んでいるという噂も聞いたことがない。

Ｉは、とてもバスとは思えないスピードで営業所を目指した。

途中、残りの停留所も通り過ぎた。待っている客はいない。いや、いたかも知れない。クレームが入れば始末書ものだ。しかし、それがどうした。

それよりも今後ろにいる『客』たちが気になる。

ぴくりとも動かない『客』たちも降車ボタンを押す気配がない。押せればの話だが。


どうにか営業所に着いて、ドアを開け、ハンドルに突っ伏す。

『ご乗車ありがとうございました』という自動音声がこのときばかりは有難かった。

自分の横を何人もの『乗客』が通り過ぎて行くのを気配で感じながら、Iは声にならない悲鳴を上げていた。

気配がなくなったあと、顔を上げると、『乗客』たちが営業所にぞろぞろと入って行くところが見えた。

その日は、バスを駐車すると、他の処理など気にせず、その場所からタクシーを呼んで帰ったそうだ。

「それから昼間でも幽霊？　っていうのかな、見るようになってね。幽霊が座っているところにお客が座ろうとすると『あっ』とかマイクでいうようになったし」

「昼間も乗車してるのか？」

「うん、気がつくとね。不思議とほとんどのお客は幽霊が座っている席は避けるんだよね」

「第六感的な？」

「そうかも。ただ、たまに『先客』が座っているのに座っちゃうお客がいるんだよね。そんなお客は二度と見ることがないんだよ、常連客であっても」

「死ぬってことか？」

「いやぁ、引っ越したのかもしれないし、経路を変えただけかもしれない。事故とか亡くなったって話は極端かもね」

「それにしたって、厭な『客』だな。そこ、辞めたほうがいいんじゃないか？」

冗談めかしてIに言うと、

「バスの語源って、ラテン語で『全ての人のための』を意味する『omnibus（オムニバス）』からきてるんだよ」

――だからアレも客だ。

へらへら笑いながらビュッフェテーブルに戻っていくIの後姿を見送りながら、長年の夢は伊達ではないと思った。

【第二十六話　養蚕農家の怪異】

おかいこさま

遭遇者：キヨさん（元養蚕業）

「墓場まで持っていこうと思ったけど、もう時効だから」

過ぎ去った日々を思い出しているのか、キヨさんは遠くを見つめながらつぶやいた。齢八十を過ぎた顔に刻まれた深い皺が、彼女の歴史を物語っているようであった。

昭和十九年の春先、当時九歳であったキヨさんは東京から集団疎開より一足先に、ある地方の養蚕農家へと避難した。父方の親戚を頼った縁故疎開である。

遠縁とはいえ会ったこともない親戚。知人の一人もいない。心細い思いを抱え、キヨさんは汽車に揺られ、伯父が役場から借りてきたというトラックに乗り継ぎ、その村へと向かった。

途中、トラックを返すため、役場で降ろされた。

キヨさんはかじかんだ手をさすり雪に足を取られながら、無口な伯父と一緒に家へと歩いていた。

暦の上ではまだ二月。遠くに見える山々、冬枯れの木、桑畑、切妻造りの屋根には雪が積もり、夕焼けに照らされて桃色に光っている。

家族で来ていれば、この綺麗な雪景色も楽しめたであろう。音という音が春雪に吸い込まれたかのような静けさに、彼女の寂しさが一層募っていった。

その時代、この集落一帯は養蚕業で有名であった。

通りに面して密集していた養蚕農家の家は、みな、横幅が広く三階建ての大きな建物である。一階は住居として使われていたが、二階三階は蚕の飼育室になっている。

飼育室である二階三階は飼育棚の大きさに合わせているため、一階に比べると妙に背が高い。とりわけ目を引いたのは窓である。黄土色の土壁に戸板で封じられた縦長の窓が、規則正しく並んでいた。

「よその家をじろじろ見るな」伯父からぶっきらぼうにそう注意を受けたが、見たこともない建物にキヨさんの興味は尽きることがなかった。

「あの窓は何で長方形なの？」

「ありゃ、掃き出し窓だ」

伯父の説明によると、戸板を床まで下げゴミを外に掃き出すための窓だという。

そんな話をしながら歩いていると、ふと、頭上から視線を感じた。

見上げてみると、すぐ横の養蚕農家の飼育室の窓から人影が見えた。キヨさんと目が合うとすぐに戸板を上げ、姿を隠した。

それと同時に、ガラッガラ、ガラガラガラッ、とあちらこちらで戸板を一斉に閉めるような音がする。

只ならぬ様子に思わず立ち止まり振り返ってはみたが、どの家の窓も閉まっていた。

気味が悪い……。

いつの間にか、皆、自分を見ていたのだろうか。

「キヨ、家に行くまでに〝おかいこさま〟にご挨拶にいくぞ」

直後、伯父から強い口調でいわれた。

「……おかいこさまって、何ですか？」

「いいから、ついてこい」

おかいこさま……都会育ちのキヨさんにはそれが何かわからなかったが、伯父の有無を言わさないという態度に圧倒され、黙ってついて行った。

丘を登り長い石段を上がると、小さな社が見えた。

伯父はその社を見向きもせず、キヨさんを境内の奥、林の中まで連れていった。林の行き止まりには小山があり、その斜面には数枚のボロ板が立てかけてある。

その板を伯父がどけると、洞窟になっていた。覗きこむと真っ暗で何も見えない。

伯父が入り口に置いてあったランタンに灯をともし、中へと入っていく。

キヨさんも恐る恐る後を追った。

奥には直径二尺（六十センチ）は超えているであろう、楕円形状の黒い球体が神棚に鎮座していた。

伯父が神棚の周りのロウソクに次々に火をつけていく。するとロウの火に照らされ、今までぼやけていた球体がはっきりと浮かび上がってきた。

滑りをおびたようにテラテラと黒光りしている。

無機質な物体であるが、まるで生き物のように感じたという。

「おかいこさまのご神体だ。この形は蚕の繭を表している。社に置いておくと、取られちまうからな」

彼女が異様な光景に息をのんでいると、伯父がそう説明してくれた。

当時は物資不足を補うため、『金属類回収令』が公布されていた。青銅でできているご神体が、国に回収されないよう洞窟を掘ってその奥に隠したのだ。

戦時中は安いナイロンなどの化学繊維に押されるようになったが、養蚕は江戸時代から昭和初期にかけて盛んになり、絹は日本の主要輸出品の一つであった。

おかいこさまのおかげで食べていける。

しかし人間の手によって改良されてきた蚕は非常に弱い。天候、気温の変化で病気になりやすく、また災害やネズミに捕食されるなどの被害があれば、その年の繭の出荷量は大幅に減り、養蚕農家にとって死活問題となった。

蚕神はその被害が及ばぬよう神格化された民間信仰である。いまはなきこの神社も、蚕神を祀るために建立された。

村人たちは毎日、朝夕とここに参拝しに来ているという。

「いいか、キヨ。一時でもこの村にいるなら、おかいこさまへのお勤めは欠かさずしろ。それがこの村の掟だ。さぼっちゃいけねえぞ。皆、お前のことを見ているからな」

ご神体へ参拝したあと、伯父が言い含めるように何度も言った。

みんなが私のことを見ている――。

先ほど窓を次々に閉めたような音も、気のせいではなかったのだ。

見たこともないご神体、村人たちの風変りな慣習と不気味な視線。

キヨさんは言い知れぬ恐怖を感じていた。


疎開してから、三か月ほど経った頃。

昼過ぎまで地元の国民学校へ通い、帰宅してからは蚕の飼育を手伝った。その間、ご神体が祀られてある洞窟に、朝夕欠かさず通いお勤めは果たしていた。

最初は監視するようにキヨさんをジロジロと見ていた村人たちも、次第に彼女に話しかけるようになり、仲が良くなっていった。

口数が少なく強面の伯父は最初こそ苦手であったが、一緒に暮らしてみると優しい人柄であることもわかった。

こちらの生活にも慣れてきたある日。

隣の養蚕農家・足立の家の長男が夜逃げをした。

戦争に行くのが怖い。俺はまだ死にたくない。

召集令状が届いた日の晩、しきりにそう呟いていたという。

彼の両親はもとより、村中の人たちが青ざめた。

出頭日までに見つけないと、連帯責任をとらされる。

当時、その地方を管轄する憲兵隊の権力は強く、横暴なふるまいが多かった。

何をされるかわからないと皆、血眼になって長男を探したが、とうとう出頭日までに見つけることはできなかったという。


憲兵隊はすぐに足立の家にやってきた。

キヨさんは村の人たちと、その様子を遠巻きにうかがっていた。

息子可愛さに隠しているなら、今のうちに出せ。

隊長である中尉は土下座をしている両親に、そう怒鳴っているようだった。

両親は震えながらしきりに首を横に振っていたが、信じてはもらえなかったようだ。

「これから家探《やさが》しを開始する！」中尉のその一言で、憲兵隊全員が動いた。

押し入れや家具の中をひっくり返すだけではなく、壁を破壊し床板もはがし始めた。

二階三階の養蚕場にも捜索が入り、滅茶苦茶に荒らされた。

飼育されていた幼虫はもう糸を吐く寸前まできていたが、踏みつけられ全滅状態であったという。

敷地内のどこを探してもいない。それがわかった中尉は、憲兵隊を引き連れて山中を探しはじめた。


それから二日後。

憲兵隊がぐったりとした長男を担ぎ、足立の家に現れた。

「お前の息子を見つけたぞ。神社の宝物殿の床下にいた」

戦時中は禁止されていたが、一年に二回、繭の豊作を願う祭祀がおこなわれていた。

宝物殿には祭祀をおこなうとき以外は、鍵がかかっている。そしてこの地では〈おかいこさま〉は絶対的な存在であった。まさか鍵を壊してまで入るとは、そのときまで誰も思わなかったそうだ。

憲兵隊が見つけたとき、長男は激しく抵抗した。逃げまどいもみ合っているうちに、軍刀で背中を切られていた。

「応急処置はしてやった。あとはお前らで看ろ」

手間をかけさせやがって——中尉はその場で唾を吐き捨て、去っていったという。

血止めはしてあったが細菌に感染したのか、長男は傷口が膿んで三日三晩高熱にうなされた。

医者もさじを投げるほどの状態で、長男は家族の献身的な看護のかいなく、亡くなってしまった。

後から村人が神社にいってみると宝物殿は元より社も破壊され、洞窟に隠しておいたご神体もなくなっていたという。

憲兵隊が持ち去ったにちがいない。このままだと祟られてしまうが、物資不足のこの時代、ご神体を新たに作るのは不可能であった。

村人たちの熱心な信仰心は恐怖と化し、足立の家を攻撃しはじめた。

玄関に貼られた〈呪われろ!〉〈責任を取れ!〉と書かれた数枚の張り紙、石を投げられた窓は穴だらけになっていった。

そのせいもあり、母親はとうとう気がおかしくなってしまったという。

そして足立の一家は、家財道具すべてを残し消息をたってしまった。

それから数日がたった、ある日の晩。

その日は、夕方から強い雷をともなう豪雨であった。

バリバリとひびく轟音のなか、隣の家から妙な音が聞こえてくる。

居間で一緒にいた伯父と耳をすませてみると、ドスンドスンと何かが続けて落ちてきたような物音がした。

「キヨは危ないからここで待ってろ」

伯父はそういうと雨合羽を着こみ、手提げランプを手にして出ていった。


伯父が家を出たあとも、奇怪な音は続いている。

不思議なことに、うるさいほど雷の音が鳴り響いているのに聞こえてくるのだ。

怖さより好奇心の方が勝った。

キヨさんは雨合羽を素早く着ると、バケツの水をひっくり返したような雨の中、家を飛び出していった。

手提げランプは伯父が持っていってしまい、灯りはない。

激しい雨が顔にふりかかり、目を開けていられない。

顔を覆うように手をかざして隣の家を見ると、全ての階の灯りがついていた。

ということは、伯父はいま三階の養蚕場にいるはずだ……。

キヨさんが足音をたてないよう三階まで上がると、扉が少し開いていた。

ドスンドスンという怪音はいつの間にか止み、辺りは静寂に包まれていた。

そっと入ってみると、伯父は下を向いたまま立ち尽くしている。

床にはあのとき全滅したはずのたくさんの蚕がうごめいていた。

ありえないことだが黒い糸を吐きながら、うねうね、うねうねと動き続けている。

何も考えられないまま一匹を拾いあげてみると、黒い糸だと思っていたものは人間の長い髪の毛であった。

「ヒッ」

小さな悲鳴と共に手を振り払ったキヨさんであったが、伯父は全く気がついていない。

怖くなったキヨさんは、伯父に声をかけようとして近づいていった。

足を前に出すたびにぶちゅぶちゅと蚕を踏みつぶしていたが、気持ち悪さを感じる前に一刻も早く伯父に助けを求めたかった。

先ほどから立ったままの伯父の横には、天井からぶらさがったラグビーボール大の黒い繭が揺れている。

何もしていないのに、メリメリと音を立てながらその繭に割れ目が入っていく。

伯父がその繭を手でつかみ、裂いていった。

中には長い髪のかつらのような物が入っていた。

裏側の肌色の部分には、赤い肉の塊のようなものが所々ついている。

かつらじゃない、人間の頭皮だ――。

それに気がついたキヨさんは、無我夢中で家に向かって走った。

布団にもぐった彼女は、しばらく震えていたそうだ。


いつの間にか眠ってしまっていた。

朝、目が覚めた彼女はまず伯父になんと声をかけようか迷ったという。

だが、伯父と顔を合わせたとき何も言われなかった。伯父の様子も変わらず普段通りである。

もしかしたら、あれは悪い夢だったのかもしれない。

キヨさんがそうホッとしたのもつかの間、中尉の家の庭で彼の奥さんの変死体が見つかったと、村に知らせが入った。

奥さんの遺体は【ぐんにゃり】と顔が曲がり、頭の皮がはがされて頭蓋骨が見えていたという。

村に捜査しにきたのは、あのときと違う憲兵隊であった。

足立の家の長男の件がある。怨恨の線で捜査にきたのだった。

しかし養蚕場にあった黒髪の頭皮も、黒い繭もたくさんいた蚕も全部消えていて、いくら調べても犯人はわからなかったそうだ。

あの光景は夢ではなかったのではないか。中尉の奥さんが死んだのは、ご神体を持っていってしまったことによる〈おかいこさまの祟り〉だったのかもしれない。

「子供だったから怖くて怖くて、ずっと聞けなかった。今なら聞けるけど、伯父が亡くなったから確かめようがなくてね……」と、キヨさんは寂しそうに笑っていた。


くだんの神社がなくなったのは戦後、養蚕農家が著しく減少したことが理由であるらしい。先ほども記述したが、安価な化学繊維の普及が戦中よりも爆発的に広がり、彼女の村でも養蚕業を畳む家が増えたという。今ではキヨさんの所を含めて、たった四軒しかない。

妄信的ともいえるほど熱心に信仰していたのに、だ。

キヨさんはそれも「時代の移り変わりで仕方のないこと」だと話していた。

戦時中に起きた壮絶な怪異を拝聴した私は居住まいを正し、慎重に質問を重ねていった。

「……なんというか、納得しづらいです……足立家の人たちも、ある意味犠牲になったのに……」

「喉元過ぎれば熱さ忘れる。人間なんてそんなもんよ」

「……キヨさんはどうしてその村に残ったんですか？」

「疎開している間、東京大空襲で家族全員亡くなってね。帰る家がなくて、この家に養子に入ったのよ。戦争はダメ、二度としたらいけない。沢山の犠牲者がでる。さっき言った〝喉元過ぎれば熱さ忘れる〟じゃないけどこの話をしようと思ったのも戦争の悲惨さを伝えたかったのもあった。忘れちゃいけないの、これだけはね」

キヨさん曰く、村の人たちが蚕神のご神体に心酔していったのは、戦争のせいでもあるのではないか、とのこと。

〈おかいこさま〉なら戦争に行った息子たちを助けてくれる、救いを求めるなら〈おかいこさま〉だと、狂信的になっていったのではないかと考えていた。

推測に過ぎないが戦争は恐ろしい。平和に暮らしていた市井の人々を、ここまで変えてしまうのだ。


ここからは余談である。

筆者がキヨさんに取材するご縁ができたのは、TOブックスから上梓した『お化け屋敷で本当にあった怖い話』にて、〈おしらさま〉を取材したことによる。

ご存知でない方のためにかいつまんでご説明すると、〈おしらさま〉とは東北地方で信仰されている家神であり、馬の神、農耕の神、また〝蚕神〟とも呼ばれている。

〈おしらさま〉には数々の禁忌がありその一つを紹介すると、二足四足の動物の肉や卵を嫌うという。万が一にも間違えて供えてしまうと、深刻な病に罹るとか、祟りにより顔が曲がる、とも伝えられているのだ。

亡くなった中尉の奥さんの顔が【ぐんにゃり】と曲がっていたのも、何か関係があるのかもしれない。

おわりに

異職怪談、読了、お疲れ様でした。

皆様には、この本を通して様々な職業を垣間見てもらった。家族・親戚・友人にすら、就いている者がいないような仕事を載せられたと自負している。

各話の冒頭で、「ほう、そんな職業があるのか」「知ってはいるが、どんなことをしているのだろう？」と思ってもらえれば、この本は三分の一が成功と言える。

一冊の怪談本を読み終えたとき、すべての怪談を思い出せるだろうか。

私の経験則で言わせてもらうならば、まずそんなことはない。仮に三十話あったとして、五話か六話。たとえ多くても十話いかないだろう。

翌日、翌々日ではもっと少ない数字になってしまうと思う。

これは、一度に多くの話を読みすぎたからだ。怪談というひとつのテーマに絞った話が次から次へ頭に入ってくるのだ。混乱して区別がつかなくなってしまっているのだろう。

せっかく時間を割いて読んでもらった本だ。できれば、その全部を覚えていて欲しい。作家としてそう思うのは自然なことだろう。


まず、怪異というものは、どういったものだろうか？

デジタル大辞泉を引くと『現実にはありえないような、不思議な事実。また、そのさま』とある。

怪異が話として、つまり怪談として語られるとなると、どうだろうか。

おそらく、二つに集約されるのだ。

『なかったものがある』か『あったものがなくなる』かだ。

・幽霊が出た、水道から長い毛髪が垂れてきた、石像の目から血が流れた。
・あるはずの記憶が無い、ある人が行方不明になった、ある場所に二度と辿り着けない。

言葉や表現が変わっているが、結局は『現れた』か『消えた』のどちらかなのだ。

しかし、読者諸兄姉はこの無機質な文字列だけで怖がってはくれない。

人が怪異を聞くとき『怖い』と思うのは、何に対してそう感じているのだろうか。

おそらく、怪異が『どのような状況で起きた』か、あるいは『登場人物のおかれている境遇』に恐怖するのだろうと思う。

『廃墟に行ったら』『真夜中の病院で』『心霊スポットに肝試しに』

よくある冒頭だ。怪談好きでなくとも一度は聞いたことのあるシチュエーションだろう。

ところが中身は千差万別で、印象に強く残る話もあれば、数分後にはきれいさっぱり忘れている話もある。

この違いは、話の環境がいかに特殊であったかに因るものだと思っている。

そこで、読み手の生活から逸脱した日常を送る者の体験を紹介することが、最も印象に残る怪談だと考えた。

だからこそ、『異職』を集めさせていただいた。

読み終えた読者諸兄姉は、職業を聞いただけで、どんな怪談だったか思い出せるはずだ。

そうであったならば、次の三分の一は成功だ。


最後に。

読み進めていくと、「あぁ、この話は最後にこうなりそうだな」と思う瞬間がある。

それを良い意味で裏切ることができるような話を載せたつもりだ。

話のラスト数行になって文字通り「あっ！」と言ってもらえたなら光栄だ。
あるいは、天を仰いで「やられた……」と唸ってくれても良い。
どちらでも、私は小躍りしてしまうくらい喜ぶだろう。
そして、これも最後に付け加えておこう。
何も吃驚させるために奇妙なオチにしたわけではない。
体験者がそう体験したというから、そう書いたまでだ。
言い忘れていたが、この本はすべて『実話』だ。
この現実世界のどこかで誰かが経験した話ばかりだ。
——そう
驚いてくれたことだろう。
それで、最後の三分の一が完成となる。
できれば読者諸兄姉にとって、この本が大成功となることを祈って。

正木　信太郎

著者紹介

正木信太郎（まさき・しんたろう）

怪談師・怪談作家。都内在住。1974年生まれ。11歳の林間学校で初めて怪異に遭遇して以来、怪談に興味を持ち蒐集活動を始める。幽霊や妖怪が登場する話はもとより、奇妙な話・不思議な話を得意とし、聞いた者が呆気に取られる顔を見るのが何よりの楽しみとしている。
CSエンタメ～テレの怪談専門番組に多数出演他、親交のある怪談師や怪談作家に自身が集めた話を寄せている。

しのはら史絵（しのはら・しえ）

作家・脚本家。シナリオ、小説、漫画原作を手掛ける傍ら、幼少の頃から好きであった怪談蒐集に勤しむ。
著作『お化け屋敷で本当にあった怖い話』（TOブックス）、DVD出演『本当にあったエロ怖い話～エロ怪談界紳士淑女の怪演～』（十影堂エンターテイメント）。
共著者である正木信太郎氏と「板橋怪談会」を主催。不定期で「女だけの秘密の怪談会」も主催している。

異職怪談《いしょくかいだん》 ～特殊職業人《とくしゅしょくぎょうにん》が遭遇《そうぐう》した26の怪異《かいい》～

2020年2月20日　第1刷

著　者　正木信太郎、しのはら史絵

発行人　山田有司

発行所　株式会社　彩図社
東京都豊島区南大塚3-24-4
MTビル　〒170-0005
TEL：03-5985-8213　FAX：03-5985-8224

印刷所　シナノ印刷株式会社

URL https://www.saiz.co.jp　Twitter https://twitter.com/saiz_sha

ISBN978-4-8013-0431-4 C0095